AF452580

Etude de M⁰ Henri MAGNIN, Docteur en Droit
Avoué à la Cour de Chambéry.

Audience du 17 Novembre 1930

CONCLUSIONS

Pour :

Monsieur Eli JOSEPH, hôtelier, demeurant à
Aix-les-Bains,

      Appelants :   M⁰ MAGNIN, avoué,
                  M⁰ RUBELLIN, du barreau de Lyon,
    et M⁰ BACHELARD, avocats ;

Contre :

Monsieur Marc CORPORON, hôtelier demeurant
à Aix-les-Bains,

      Intimé :   M⁰ CONTE, avoué ;

En présence de :

MM. GERANTON & GUITTEAU, demeurant à
Paris, pris ès-qualité de liquidateurs de la Société CORPORON
et Cie,

      Intimé :   M⁰ TIOLLIER, avoué.

ANNEXES :

1. — Rapport de M⁰ RETAIL, docteur ès-sciences juridiques.
2. — Consultation de M. CAPITANT, membre de l'Institut.
3. — Consultation de M⁰ LABBE, avocat à la Cour de Cassation.

Etude de Me Henri MAGNIN, Docteur en Droit
Avoué à la Cour de Chambéry.

Audience du 17 Novembre 1930

CONCLUSIONS

Pour :

Monsieur Eli JOSEPH, hôtelier, demeurant à
Aix-les-Bains,

Appelants :   Me MAGNIN. avoué,
         Me RUBELLIN, du barreau de Lyon,
    et Me BACHELARD. avocats ;

Contre :

Monsieur Marc CORPORON, hôtelier demeurant
à Aix-les-Bains,

Intimé :   Me CONTE. avoué ;

En présence de :

MM. GERANTON & GUITTEAU, demeurant à
Paris, pris ès-qualité de liquidateurs de la Société CORPORON
et Cie,

Intimé :   Me TIOLLIER, avoué.

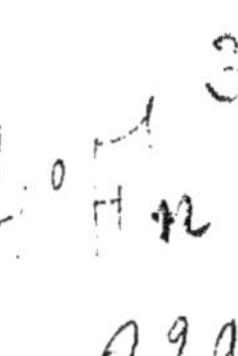

EXPOSÉ SOMMAIRE

DES FAITS ET DE LA PROCÉDURE

La Société CORPORON et Cie qui avait pour objet l'exploitation du fonds de commerce de l'Hôtel Bernascon, à Aix-les-Bains, a été dissoute d'un commun accord le 8 juin 1925.

MM. GUITTEAU et GERANTON, nommés liquidateurs par les parties ont procédé le 6 janvier 1926 devant Me Durand des Aulnois, notaire à Paris, à la vente par adjudication en un seul lot du fonds de commerce et des terrains appartenant à la Société.

Cette adjudication a été tranchée au profit de JOSEPH pour le prix de deux millions cinq cent dix mille francs, à charge par lui de payer, en outre, les marchandises, d'après l'évaluation qui en serait faite par experts. Cette évaluation s'est montée à 443.090 fr. 40.

Aussitôt après CORPORON a assigné JOSEPH et les liquidateurs MM. GUITTEAU et GERENTON en nullité de l'adjudication, notamment pour dol et fraude, devant le Tribunal de Commerce de Chambéry.

Un an et demi après, CORPORON a assigné à nouveau les mêmes défendeurs en rescision de la même vente pour lésion de plus du quart sans pour autant renoncer au moyen invoqué dans la première assignation.

Par un premier jugement, en date du 27 juillet 1928, le Tribunal rejette l'action fondée sur le dol et la fraude et ne retient parmi les moyens invoqués par CORPORON que celui tiré de la lésion de plus du quart ; il institue une expertise aux fins de déterminer la valeur exacte des biens corporels et incorporels compris dans l'adjudication du 6 janvier 1926. Il dit que le chiffre exprimant cette valeur tel qu'il ressortira de l'expertise remplacera à l'actif de la liquidation la somme de 2.500.000 francs qui y a été inscrite à la suite de l'adjudication du 6 janvier 1926 et ajoute : « Réserve à CORPORON, en « face de l'actif de la liquidation établie sur les bases ci-dessus tous ses droits « de faire prononcer la rescision de la dite adjudication pour cause de lésion

« de plus du quart, si L'ADJUDICATAIRE (JOSEPH) n'AIME PAS MIEUX
« AUPARAVANT FAIRE DISPARAITRE LA DITE LESION. »

Ce jugement a été frappé d'appel par JOSEPH, CORPORON n'a pas
relevé contre lui appel incident ; la Cour l'a confirmé suivant arrêt du 20 mars
1929.

Les experts commis MM. Benedetti, Rassiat et Maës, ont procédé aux
opérations de l'expertise et déposé leur rapport ;

Deux d'entre eux ont fixé à 8.800.000 la valeur du fonds et des terrains,
le troisième l'a fixée au maximum 5.300.000 francs.

Le Tribunal de Commerce, suivant jugement en date du 21 mars 1930, fixe
la valeur de l'ensemble de ces biens à 6.500.000 francs. Il prononce, en
conséquence, la rescision de l'adjudication du 6 janvier 1926.

Cependant, il retire à JOSEPH la faculté d'option que lui avait formellement réservée le précédent jugement du 27 juillet 1928, en lui laissant l'alter-
native ou de subir la rescision ou d'en arrêter le cours. Poussant jusqu'à
l'extrême rigueur les conséquences de cette erreur de droit manifeste ledit
jugement du 21 mars 1930, condamne JOSEPH à exécuter la vente dont par
ailleurs il prononce l'annulation et à payer le prix imposé de 6.500.000 francs,
sur lequel il devait verser 1.500.000 francs par provision, non pas à la liquidation
qui, en toute hypothèse, eut été seule créancière du prix, mais directement à
CORPORON.

JOSEPH a régulièrement frappé d'appel cette décision qui, par ailleurs,
l'a débouté de demandes reconventionnelles qui seront discutées ci-après.

DISCUSSION

Attendu que cet appel est recevable en la forme et juste au fond,

EN LA FORME :

Attendu que le jugement dont est appel est nul de nullité radicale et absolue par application de l'article 7 de la loi du 20 avril 1810 ; qu'en effet, les deux juges qui y ont pris part comme assesseurs n'ont pas assisté aux audiences de plaidoiries. Que les débats ont eu lieu devant MM. Bern, président ; Bernard et Francescoli, juges, et que le jugement a été rendu par MM. Bern, président ; Porraz, juge, et Reynaud, juge suppléant. Que ses énonciations sont donc dénuées de valeur.

Attendu que les parties ne peuvent donc qu'être renvoyées à se pourvoir devant le Tribunal qui statuera à nouveau, composé d'autres juges.

SUBSIDAIREMENT et au cas où la Cour évoquerait le fond ou se déclarerait saisie de l'affaire par l'effet dévolutif de l'appel.

Attendu qu'il y a lieu évidemment de rectifier les chiffres auxquels les experts ont fixé la valeur des éléments corporels et incorporels qui ont fait l'objet de l'adjudication du 6 janvier 1926.

En fait

EN CE QUI CONCERNE LES TERRAINS

Attendu que les terrains compris dans l'adjudication du 6 janvier 1926 ont fait l'objet de 6 acquisitions successives échelonnées de 1921 à 1924 et que les prix additionnés de ces acquisitions forment un total de 234.734 fr. 59, frais et honoraires compris.

Attendu cependant que, tandis que l'expert de la minorité fixe le prix de ces terrains à 1.300.000 francs, les experts de la majorité les ont évalués à 1.500.000 francs au 6 janvier 1926 ; que cette évaluation a été admise par le jugement entrepris encore que CORPORON lui-même dans un mémoire en défense, déposé par lui au dossier d'une procédure d'information, dont il sera question ci-après, les ait estimés à 1.250.000 francs.

Attendu qu'aucune de ces estimations ne saurait être maintenues par la Cour ; que les coefficients de plus-value adoptés par les experts sont invraisemblables ; que c'est ainsi que le prix moyen au mètre carré des terrains acquis de Marilliet et de Chapuis les 3 et 18 novembre 1921 ressortant d'après les actes d'acquisition à 6 fr. 57, les experts estiment que les mêmes terrains valaient au 6 janvier 1926, 52 fr. 39 le mètre carré ; que de plus fort, les terrains acquis de Crépaux et de Durand les 11 août 1921 et 22 février 1923, dont le prix d'adjudication ressort, d'après les actes, à 10 fr. 32 le mètre carré, ont été évalués par les experts à 80 francs le mètre carré. Que le rapport n'indique aucun élément de comparaison qui justifie un coefficient de plus value aussi exorbitant que, par ailleurs, ni les circonstances économiques générales, ni la situation de ces terrains ne sauraient expliquer.

Attendu que l'on peut tout au plus admettre que, depuis la date de leurs acquisitions respectives jusqu'au 6 janvier 1926, la valeur de ces terrains a augmenté de 100 %.

Attendu que le jugement déféré a justement apprécié qu'ils ne pouvaient entrer en ligne de compte dans l'ensemble des biens vendus au 6 janvier 1926 pour leur valeur réelle. Qu'à peine de les utiliser à un double emploi, pour le calcul de la lésion, ils doivent être diminués de la plus value qu'ils procurent au fonds de commerce qui doit être évalué par ailleurs ; qu'il est constant en fait qu'ils n'ont été achetés que dans l'intérêt du fonds, soit pour servir de ceinture de protection à l'Hôtel, soit pour être affectés à des constructions, telles que tennis, chalet, bar-dancing, utilisés exclusivement pour l'exploitation du fonds. Qu'en les vendant séparément du fonds, on diminuerait et le rendement et la valeur en capital de celui-ci, et qu'en raison de leur affectation spéciale ils ne peuvent figurer dans le calcul de la lésion que pour leur valeur relative.

Attendu que tout compte fait et en appliquant le coefficient de réduction admis par le jugement déféré à la valeur de ces terrains, portés à 460.000 francs (les prix d'acquisition étant augmentés de 100 %), les dits terrains ne sauraient être considérés pour l'appréciation de la lésion que comme représentant une valeur maxima de 300.000 francs.

EN CE QUI CONCERNE LES MARCHANDISES EN CAVE

Attendu que JOSEPH, adjudicataire du fonds, devait de ce fait payer à dire d'experts les marchandises en cave en sus de son prix d'adjudication ; que la valeur de celles-ci a été déterminée contradictoirement entre lui et la liquidation soit par deux experts dont l'un, M. Monachon, négociant en vins, a été choisi par lui et l'autre, M. Guilbert, courtier assermenté près le Tribunal de la Seine, a été choisi par les liquidateurs.

Attendu que ces deux experts avaient fixé à 443.090 fr. 40, après abattement de 10 %, la valeur des marchandises en cave.

Attendu que les experts judiciaires et avec eux le jugement entrepris ont cru devoir relever cette estimation et la porter à 557.122 fr. 75 pour le motif que, depuis la date de leur acquisition et à en croire des tarifs de maisons de vins qu'ils n'annexent pas à leur rapport, les vins en question avaient bénéficié d'une hausse et qu'ils devaient être estimés non à leur prix d'achat, mais suivant leur valeur au 6 janvier 1926.

Attendu que sur ce point l'appréciation des experts devra être modifiée et qu'il y a lieu de maintenir l'évaluation des experts Monachon et Guilbert. Qu'en effet, les deux expertises sont d'accord sur les quantités et que l'estimation de la qualité par les experts Monachon et Guilbert ne peut être contestée, ayant été faite par des professionnels honnêtes et compétents qui ont vus et goûtés les vins que les seconds experts n'ont pas connus.

Attendu d'autre part, qu'il est admis universellement et notamment par M. Retail dont l'autorité a été maintes fois invoquée par les experts judiciaires que les stocks et spécialement les marchandises en cave doivent, dans une vente de fonds de commerce être évalués au prix d'achat et qu'en aucun cas il ne saurait être fait état d'une majoration sous le prétexte que le vin s'est bonifié parce que ce serait incorporer dans les bénéfices un profit non encore réalisé et au surplus d'éventualité douteuse et incertaine.

Attendu cependant que le Tribunal refuse d'admettre cette méthode d'évaluation ; qu'à supposer qu'elle ne devrait pas être appliquée dans l'espèce, le Tribunal reproche à tort, en tous cas, aux experts Guilbert et Monachon de l'avoir suivie ; qu'en effet ceux-ci ne se sont pas bornés, comme le disent les premiers juges : « à les évaluer à leur prix d'achat moins 10 % » ; qu'ils ont tenu compte de la hausse survenue depuis leur achat en fixant leur valeur à 492.522 fr. 65 ; qu'ils ont fait ensuite subir à ce chiffre une réduction de 10 %, en compensation de l'obligation dans laquelle se trouvait l'adjudicataire, d'après les clauses et conditions de l'adjudication, d'acheter la totalité d'un stok qui dépassait de beaucoup les besoins de l'hôtel, puisqu'il n'y est consommé que pour 20.000 à 30.000 francs de vins par an.

Attendu que les seules réductions appliquées par ces deux experts sur les cours du jour proviennent de la qualité et de l'état de conservation actuelle des vins qu'ils ont dégustés.

Attendu qu'un tel procédé d'évaluation conduit à des résultats incontestablement plus exacts que celui employé par les experts Benedetti, Rassiat et Maës ; que ceux-ci se sont basés sur des tarifs de marchands de vins, d'ailleurs extrêmement variables d'une année à l'autre et qui ne pouvaient fournir qu'une valeur de présomption.

Que ce procédé est critiqué par M. Retail.

EN CE QUI CONCERNE L'EVALUATION
DES ELEMENTS CORPORELS ET INCORPORELS DU FONDS DE COMMERCE

Attendu que le jugement entrepris a fixé à 4.405.000 francs la valeur du fonds de commerce litigieux, somme qui additionnée avec celles exprimant, selon lui, la valeur des terrains (1.500.000 francs) et de la cave (595.000 francs) forme le total de 6.500.000 francs, qui exprime, à son dire, la valeur de la totalité des biens compris dans l'adjudication du 6 janvier 1926.

Attendu que cette appréciation procède d'erreurs graves de fait et de droit que le concluant demande à la Cour de rectifier.

Qu'il sera d'ailleurs démontré ci-dessous que les chiffres auxquels le Tribunal a arrêté la valeur des différents éléments de l'actif pour arriver au total 6.500.000 francs sont, pour certains, en contradiction avec les solutions qu'il donne aux questions en litiges.

Attendu que les experts de la majorité avaient fixé, après réduction, à 3.250.000 francs la valeur des éléments incorporels du fonds. Que cette somme représentait, à concurrence de 1.550.000 francs, la valeur du mobilier et du matériel et, à concurrence de 1.700.000 francs en chiffres ronds, les travaux exécutés dans l'immeuble, en vue de l'amélioration des conditions de l'exploitation du fonds, pendant la durée de la Société CORPORON et Cie (installations nouvelles, transformations et agrandissements, etc...).

EN CE QUI CONCERNE LE MOBILIER

Attendu que le point essentiel en litige étant celui de savoir si la vente du 6 janvier 1926 est ou non lésive, il tombe sous le sens que les experts n'avaient à évaluer que les objets compris dans cette vente et, par conséquent, en ce qui concerne le mobilier, les seuls meubles dénombrés et décrits dans l'inventaire dressé par les liquidateurs, en vue de la vente en octobre 1925, c'est-à-dire les seuls meubles compris dans la vente. Que les experts ont commis une première faute en ignorant cet inventaire.

Qu'ils se sont attachés au contraire à évaluer le mobilier qui a fait l'objet de l'inventaire Grummel, notaire, du 15 mai 1920 (dressé à l'occasion de la vente du fonds par Bernascon à Possenti et Corporon) et ce, en réintégrant fictivement dans l'actif toute la partie de ce mobilier qui a disparu.

Que d'après la comptabilité, il a été vendu pour 50.000 francs de meubles, provenant du mobilier acquis de Bernascon qu'environ un tiers de ce qu'il en restait après ces ventes sucessives n'existait plus dans l'hôtel soit par suite d'usure naturelle, soit par suite de disparition au moment où a eu lieu l'expertise judiciaire.

Que non seulement, il peut être reproché aux experts de l'avoir dans ces conditions surévalué de 150.000 francs sur le prix porté à l'acte de cession du 15 mai 1920, mais qu'encore sur ce point leur expertise doit être considérée comme nulle puisqu'ils ne sont pas conformés à la mission que leur a conféré le Tribunal, mission qui ne pouvait leur prescrire autre chose que l'évaluation du mobilier compris dans l'inventaire dressé par les liquidateurs, en vue de la vente et annexé au cahier des charges.

Attendu à supposer que la mission des experts eut consisté sans tenir compte de l'inventaire à reconstituer le mobilier tel qu'il existait au jour de la liquidation, ils auraient encore commis une autre erreur. Qu'en effet, ils se sont attachés à déterminer la consistance de ce mobilier d'après les livres et d'après les dépenses portées à la comptabilité sous la rubrique mobilier. sans se préoccuper de savoir si le mobilier acquis existait réellement et matériellement à l'époque de la vente. Qu'ils déclarent même ouvertement dans leur rapport que tout mobilier disparu devait être réintégré fictivement, méconnaissant ainsi cette vérité d'élémentaire bon sens, que le problème posé consistait à rechercher ce que dans une adjudication, avec le concours des étrangers, un acquéreur autre que JOSEPH aurait bien pu payer le mobilier et que ce tiers acquéreur aurait bien consenti à acheter les meubles existant dans l'hôtel, mais non pas ceux qui auraient dû s'y trouver.

Attendu que ces critiques ont été formulées devant le Tribunal et que le jugement déféré s'est abstenu d'y répondre. Que le concluant les maintient énergiquement et demande à la Cour de proclamer que l'expertise, en tant du moins qu'elle a pour objet l'évaluation du mobilier compris dans la vente est nulle et sans valeur probante.

Attendu qu'il est bon de rappeler ici que la plus grande partie de ce mobilier provenait de l'Hôtel de l'Europe d'où, en 1900, M. Bernascon père l'avait transféré à l'Hôtel Bernascon, qu'il venait de faire construire ; que le fait constaté par les experts judiciaires dans leur rapport, page 36 ; que M. Bernascon père l'avait utilisé pendant plus de 30 ans à l'Hôtel de l'Europe ; que ledit mobilier ne répondait donc plus, en raison de son ancienneté, au goût de la clientèle de luxe, ce qui réduisait considérablement sa valeur en soi, et plus encore, sa valeur, en tant qu'éléments corporels attachés à un Palace.

SUR LES AMELIORATIONS APPORTEES A L'IMMEUBLE
ANTERIEUREMENT A LA DISSOLUTION
DE LA SOCIETE JOSEPH ET CORPORON

(Installations nouvelles, transformations et agrandissements, etc.)

Attendu, en ce qui concerne les améliorations, qu'il est incontestable qu'elles constituent une source de bénéfices et que si elles n'avaient pas été effectuées, les bénéfices réalisés par l'Hôtel eussent été moindres. Mais que la valeur des éléments incorporels est, elle-même, fonction des bénéfices annuels et que les experts ont nécessairement tenu compte des dites améliorations en fixant, d'après les bénéfices, la valeur des éléments incorporels.

Attendu que les éléments corporels d'un fonds de commerce, ces mots étant pris au sens que leur donnent le législateur et la jurisprudence ne doivent comprendre que les biens que l'acquéreur acquiert en toute propriété et dont il peut disposer à son gré, qu'il peut vendre ou aliéner à un titre quelconque, tels que le matériel et le mobilier ; qu'à ce point de vue, les améliorations apportées à l'immeuble ne sont pas des biens, mais des valeurs d'actif, suivant la doctrine de M. Quesnot ; qu'en fin de bail, elles profitent exclusivement au propriétaire de l'immeuble et que, pendant le bail, l'acquéreur du fonds de commerce n'en profitera que par l'utilisation temporaire qu'il pourra en retirer ; qu'il ne peut donc en être fait état qu'au point de vue de l'appréciation des éléments incorporels et dans la mesure seulement où elles concourent à achalander le fonds et à en accroître les bénéfices.

Attendu que dans la pratique courante des ventes de fonds de commerce, on ne fait figurer dans les éléments corporels que des biens tels que le matériel et le mobilier et dans les éléments incorporels que le nom commercial, le droit au bail, la clientèle et l'achalandage ; qu'on n'y comprend jamais en supplément le coût des améliorations apportées par le vendeur à l'immeuble.

Attendu, en un mot, que le fonds rapporte une somme donnée de bénéfices annuels qui est fonctions de ces améliorations. Qu'un acquéreur achètera les éléments incorporels moyennant un prix qui sera en rapport avec les bénéfices, mais que, sous peine de payer deux fois la même chose, il n'ajoutera pas à ce prix la valeur des améliorations.

Que dans l'espèce, elles sont le facteur déterminant de la plus value dont ont bénéficié les éléments du fonds depuis le 15 mai 1920, date à laquelle ils avaient été vendus 100.000 francs jusqu'au 6 janvier 1926. Que s'il est tenu compte de cette plus value dans le calcul de la lésion, il ne peut être tenu compte en même temps des améliorations. Que ce serait faire état deux fois et sous deux formes différentes du même élément.

Attendu en tous cas que les experts ont évalué les dites améliorations d'après les chiffres portés en comptabilité, sans tenir compte de leur état au moment de l'expertise, sans tenir compte de ce que sur la comptablité figurent des paiements qui n'ont jamais été faits aux fournisseurs et bien plus sans avoir apprécié leur utilité actuelle.

Qu'ils ont enfin appliqué des prix d'amortissement trop bas et ont refusé sans raison d'appliquer ceux adoptés par MM. Sénéchal et Retail.

EN CE QUI CONCERNE LA VALEUR DES ELEMENTS INCORPORELS
ET LE CALCUL DES BENEFICES ANNUELS

Attendu que c'est essentiellement le bénéfice annuel qui donne la mesure de la valeur des éléments incorporels.

Attendu qu'il est de pratique courante en matière d'évaluation de fonds de commerce de considérer la moyenne des bénéfices annuels des trois ou quatre dernières années. Que les experts n'ont pris pour base de leurs calculs que les bénéfices réalisés pendant l'exercice 1925, en ce quoi ils ont commis une première erreur.

Attendu qu'ils en ont commis une seconde, en relevant arbitrairement le chiffre exprimant d'après la comptabilité les bénéfices réalisés en 1925 (640.000 francs). Qu'ils ont estimé à tort, en effet, que des dépenses effectivement engagées et payées devaient être fictivement rayées de la comptabilité pour le calcul des bénéfices sous prétexte qu'ils les jugeaient ou bien excessives ou bien contraires aux conventions des parties.

Attendu que c'est ainsi qu'ils retranchent de divers chapitres de dépenses de l'exercice 1925 :

a) 65.000 francs s/ dépenses d'alimentation.
b) 20.000 francs s/ salaires payés.
c) 9.000 francs s/ fleurs.
d) 38.000 francs de frais de galas.

Soit au total 132.000 francs qu'ils ajoutent aux bénéfices qu'ils fixent ainsi à 772.000 francs. Qu'après quoi, ils en déduisent 70.000 francs, montant de l'augmentation subie à partir de 1925 par le loyer porté au bail Bernascon du 15 mai 1920. Qu'en dernière analyse, ils estiment que les bénéfices réalisés pendant l'année envisagée ont été de 700.000 francs en chiffres ronds.

Mais attendu que les retranchements de dépenses qui concernent l'alimentation, les achats de fleurs, et le salaire des employés (94.000 francs au total) ne sont nullement justifiés.

Que le jugement dont est appel retient sagement qu'elles ont été réellement et indiscutablement engagées et que rien ne prouve qu'avec une gestion plus économe elles eussent pu être évitées.

Que l'on se demande dans ces conditions, comment les premiers juges n'ont pas tiré toutes les conséquences de cette constatation et se sont contentés de réduire le redressement à 50.000 francs au lieu de le supprimer purement et simplement.

Attendu, en ce qui concerne les salaires qu'en 1925 la dissolution de la Société n'étant survenue que le 8 juin, tous les employés ont été engagés par

CORPORON à des taux de salaires acceptés par lui que les liquidateurs n'ont donc eu qu'à exécuter des contrats passé par lui avec le personnel et qu'il doit être évidemment déclaré irrecevable à critiquer sa propre gestion et à soutenir qu'il l'a rémunéré trop largement.

Attendu, en ce qui concerne les galas, que suivant CORPORON, pendant la période d'exploitation par la Société, JOSEPH aurait constaté que, seul, parmi les grands palaces d'Aix-les-Bains, le Grand Hôtel Bernascon n'offrait pas de dîners de gala à sa clientèle ; que pour vaincre la résistance de son co-associé CORPORON, à suivre l'exemple de ces concurrents, JOSEPH aurait offert de supporter personnellement les frais de ces fêtes dont les bénéfices cependant devaient être versés à la caisse sociale.

Attendu que ces errements, toujours au dire de CORPORON, furent suivis jusqu'à la dissolution de la Société (juin 1925) et que les liquidateurs jugèrent bon de donner des galas pendant l'été de 1925. Que, naturellement, les dépenses en furent payées par la caisse sociale.

Attendu cependant que les experts et après eux le Tribunal prenant pour des vérités démontrées les affirmations de CORPORON, ont estimé que, même en 1925, soit pendant la gestion des liquidateurs, ces dépenses (38.000 francs) auraient dû être supportées par JOSEPH personnellement. Qu'en conséquence, ils retranchent cette somme des dépenses sociales d'où une augmentation de 38.000 francs des bénéfices, les bénéfices des galas au montant de 50.000 francs n'étant pas pour autant retranchés des bénéfices globaux de l'exercice.

Attendu que ce raisonnement est inadmissible. Que même, en tenant pour établie la singulière convention qui est à sa base, on ne peut que regretter que le Tribunal et les experts aient perdu de vue une fois de plus que le problème posé n'a d'autre objet que de déterminer le chiffre auquel un tiers acquéreur aurait estimé la valeur du fonds en litige au 6 janvier 1926 et que le tiers acquéreur, à coup sûr, n'aurait pas compté sur l'intervention de JOSEPH pour payer, pendant les années à venir, les frais des galas donnés à l'Hôtel. Qu'il aurait incontestablement évité l'erreur colossale commise par les experts et après eux par le Tribunal, qui consiste à faire état d'une recette sans faire état de la dépense correspondante dans le bilan d'un exercice d'exploitation dressé, en vue de l'évaluation d'un fonds de commerce.

Attendu, ainsi que c'est à tort, que les experts ont redressé de 132.000 francs le chiffre de 640.000 francs exprimant, d'après la comptabilité, les bénéfices réalisés en 1925. Que bien au contraire ce chiffre devait subir des réductions ci-après, savoir :

a) de la somme de 70.000 francs, montant de l'augmentation du loyer de l'Hôtel Bernascon ;

b) de la somme de 75.000 francs, montant injustement majoré de la note de JOSEPH, afférente à un séjour qu'il a fait à l'Hôtel pendant la saison 1925. Que cette note se monte à 150.000 francs, alors que pendant les années précédentes elle n'avait pas dépassé 75.000 francs.

Que cependant, en 1925, son séjour n'a été ni plus long ni plus dispendieux ; qu'il a su, au surplus, protesté contre l'exagération de la dite note, ainsi que l'établit la correspondance avec les liquidateurs (voir notamment, entre autres lettres, celle du 22 septembre 1925).

Qu'il va d'ailleurs de soi que l'on ne saurait, pour l'évaluation d'un fonds de commerce, comprendre dans les bénéfices les dépenses d'un associé co-propriétaire de ce fonds, celui-ci dépensant d'autant plus largement qu'il sait qu'il récupère comme associé la moitié de ce qu'il dépense comme client.

c) De l'intérêt du capital affecté à l'acquisition des terrains ; qu'il est évident que ces intérêts doivent être déduits des bénéfices annuels de l'hôtel, puisque les terrains étant affectés soit à l'usage de ceinture de protection de l'Hôtel, soit à des constructions telles que tennis et chalet-dancing, ils n'ont d'autre utilité que d'accroître directement ou indirectement les dits bénéfices. Que s'il ne les revend pas, on se demande de quelle autre manière l'acquéreur de l'ensemble de l'affaire pourrait trouver la rémunération du capital affecté à leur acquisition. Que s'il les revend, il diminue le bénéfice produit par e fonds. Que de toutes façons donc la réduction s'impose.

d) Des appointements qu'il aurait fallu payer au Directeur Général étant constant que CORPORON qui assumait la gestion de l'affaire était rémunéré par l'attribution de la moitié des bénéfices.

Que d'autre part si pendant l'exercice 1925, géré par les liquidateurs, il y a eu un directeur en la personne de Détraz, celui-ci exerçait ses fonctions sous la surveillance et sous la responsabilité des liquidateurs. Qu'il n'était avant la dissolution de la Société qu'un employé subalterne et qu'il n'a reçu, en 1925, bien qu'intéressé dans une certaine mesure sur le chiffre d'affaires, ni les appointements, ni les avantages qui sont attribués au directeur d'un grand hôtel.

e) De la différence, en ce qui concerne les amortissements entre les taux normaux usuels adoptés notamment par MM. Sénéchal et Retail et ceux appliqués par les experts, différence qui est d'environ 90.000 francs.

Attendu que l'augmentation des dépenses de 1924 à 1925, que les experts Benedetti, Rassiat, et Maës déclarent avoir constatée et qui contribuerait à justifier, à leurs dires, les redressements ci-dessus, provient de ce que les déclarations faites au fisc par CORPORON en 1924 n'ont pas été sincères, contrairement à celles faites, en 1925, par les liquidateurs.

Que ce fait résulte à l'évidence des chiffres de recette de 1924 à 1925, comparés aux sommes payées au fisc au titre de l'impôt sur les bénéfices comemrciaux et sur les chiffres d'affaires pour 1924 et 1925.

Qu'en effet, il ressort du tableau 1, annexé au rapport, que les recettes ont été pour 1924 de 2.796.829 fr., cependant qu'il ressort du tableau 2 que, pour le même exercice, il a été payé 238.654 francs.

Qu'en 1925, par contre, sur un chiffre de recette de 3.204.105 fr. 20, il n'a été payé cependant au fisc que 363.585 fr. 25, soit 150.000 francs de plus, alors que la différence aurait dû être que de 60.000 francs en plus.

Que, par conséquent, il a été payé 70.000 francs de moins en 1924.

Attendu que la différence entre les bénéfices de 1924 à 1925, par rapport aux frais généraux, provient encore de ce que Détraz, en 1925, étant intéressé dans le chiffre d'affaires a baissé les prix de l'hôtel, produisant ainsi une augmentation de recettes, mais non une augmentation de bénéfices.

Que si les experts avaient évalué la moyenne journalière payée par chaque client pour l'année 1924, comparée à l'année 1925, ils auraient facilement remarqué que cette moyenne était inférieure à 1925 par rapport à 1924.

Attendu qu'il suit de cette discussion que jamais un acquéreur en présence de tels résultats de l'exploitation n'aurait consenti à payer l'ensemble des éléments compris dans la vente du 6 juillet 1926 le prix de 6.500.000 francs, auquel cependant les évalue le Tribunal.

SUR LES AMELIORATIONS APPORTEES PAR JOSEPH
DEPUIS LA PRISE DE POSSESSION SOIT DEPUIS LE 6 JANVIER 1926
ET PENDANT LES ANNEES 1926-1927

Attendu que les experts n'ont pas cru devoir faire état de deux millions d'amélioration, de réparations que JOSEPH a dû exécuter pour maintenir à l'Hôtel son rang de palace depuis le 6 janvier 1926 ; que le concluant a prié les experts de les évaluer ; qu'il leur en a fourni les mémoires, accompagnés de tous les documents utiles et qu'ils ont refusé d'examiner cette question capitale, sous le prétexte qu'elle ne rentrait pas dans le cadre de leur mission.

Attendu que l'état de ces améliorations se monte à 2 millions 16.000 francs pour les années 1926-27 seulement sans compter celles réalisées pendant les années postérieures.

Attendu que le jugement entrepris approuve sur ce point les experts.

Mais attendu qu'il tombe sous le sens que, chargé de l'évaluation du fonds de commerce, les experts avaient le devoir de rechercher si ces améliorations étaient ou non nécessaires pour éviter que l'Hôtel ne perde son rang d'hôtel de luxe. Qu'il est évident qu'au cas affirmatif l'acquéreur de Janvier 1926 aurait tenu compte dans l'évaluation qu'il aurait faite de la chose mise en vente des impenses d'améliorations qu'ils se serait trouvé dans la nécessité d'y effectuer et qu'il est inadmissible qu'un élément d'appréciation aussi capital soit écarté du débat.

Attendu qu'aussi bien l'examen de la nature de ces améliorations que la vérification de leur montant était d'autant plus nécessaire que si, comme il sera exposé ci-dessous la rescision devait être prononcée, JOSEPH se trouverait en droit d'en réclamer le remboursement.

Attendu, qu'à un autre point de vue encore, l'examen des améliorations effectuées depuis la prise de possession par JOSEPH aurait fait apparaître aux

— 15 —

experts l'inexactitude des taux d'amortissement qu'ils ont appliqué aux améliorations et travaux antérieur. Qu'en effet, quantité de travaux, tels que l'installation électrique, peinture des chambres, ont dû être refaits par JOSEPH.

SUR LE NOM COMMERCIAL :

Attendu que pas plus les experts que le jugements déféré n'ont tenu
compte dans l'évaluation des éléments incorporels du fonds de ce que le
nom commercial n'avait pas été cédé en toute propriété par BERNASCON ;
que cependant l'évaluation a été faite d'après les coefficients de M. Retail qui
supposent le nom cédé en toute propriété.

OBSERVATIONS GENERALES SUR LES METHODES D'EVALUATION SUIVIES PAR LES EXPERTS ET PAR LE JUGEMENT DEFERE

I

Attendu que les experts ont méconnu les dispositions du jugement interlocutoire du 29 juillet 1927, passé en jugé qui leur prescrivait d'évaluer par comparaison le fonds d'Hôtel. Que s'ils s'y étaient conformés, ils auraient constaté
que le fonds de l'Hôtel de l'Europe, Hôtel d'un rang presque équivalent à celui
de l'Hôtel Bernascon, disposant de plus de chambres et dont les recettes en 1924,
en tous cas, ont été sensiblement égales à celles du BERNASCON (1), a été
vendu en février 1925, soit moins d'un an avant la vente entreprise 2.250.000 fr.
pour l'ensemble des éléments corporels et incorporels avec un long bail de
175.000 francs par an et dont le loyer est presque équivalent à celui de
l'Hôtel Bernascon qui est de 180.000 francs depuis 1926. Que le jugement
déféré a cependant écarté cet argument capital de comparaison sans rien
objecter de sérieux contre lui. Que ce parallèle fait apparaître nettement
l'exagération grossière non pas seulement du chiffre proposé par les experts
de la majorité pour l'évaluation du fonds en litige, mais encore de celui
auquel s'est arrêté l'expert de la minorité (5.300.000 francs) et à fortiori de celui
admis par le Tribunal (6.500.000 francs).

II

Attendu que, dans la partie finale de leur rapport, les experts de la majorité reconnaissent qu'ils ont évalué les éléments compris dans l'adjudication
du 6 janvier 1926, valeur de convenance personnelle pour JOSEPH, sous

---

(1) En supposant exacts les chiffres indûment majorés, admis par les experts
Rassiat, Benedetti, Maës, les recettes de l'Hôtel Bernascon auraient été, en
1924, de frs : 2.796.829, 45.

Les recettes de l'Hôtel de l'Europe, en 1924, suivant la déclaration de
M. Leder, alors propriétaire du fonds, jointe au dossier ont été de 2.739.531
fr. 60.

prétexte que l'on se trouvait en présence d'une licitation équivalente à partage.

Mais que cette licitation ayant eu lieu avec le concours des étrangers, il est évident que le fonds devait être évalué valeur en soi ou valeur *erga omnes*.

III

Attendu que le jugement déféré déclare ouvertement qu'il refuse de se placer dans l'état d'esprit d'un capitaliste moyen, raisonnable, prudent pour déterminer le prix auquel aurait pu être adjugé le fonds en litige.

Que les premiers juges avouent, au contraire, sans ambages, s'être placés : dans l'état d'esprit de celui qui se serait fait parmi tous les autres LES PLUS BELLES ILLUSIONS (*sic*) sur le développement de la clientèle, les profits immédiats, des proches saisons, etc.

Attendu ainsi que, de l'aveu même des premiers juges, le prix de 6.500.000 francs, auquel ils estiment l'ensemble de l'affaire au 6 janvier 1926, n'est pas celui qui en exprime la valeur exacte, c'est-à-dire le seul qui devait être recherché, mais le prix que l'aurait payée celui qui l'aurait appréciée inexactement en se faisant sur elle « les plus belles illusions ».

Attendu que l'extravagance de cette méthode d'évaluation se concilie difficilement avec le bon sens et encore moins avec le dispositif du jugement interlocutoire du 29 juillet 1927, qui prescrivait aux experts de rechercher la valeur EXACTE du fonds de comerce de l'Hôtel BERNASCON après la clôture de l'exercice 1925.

IV

Attendu qu'avant le jugement d'avant dire droit CORPORON avait plaidé que le fonds litigieux valait au 6 janvier 1926 au moins 5 millions parce que, disait-il, il avait rapporté en cinq ans d'exploitation (1921-1925) 4 millions. Que le Tribunal impressionné par ces chiffres qu'il tenait pour exacts, en a déduit la vraisemblance de la lésion alléguée.

Mais attendu que l'expertise ayant établi que, pendant la même période, les bénéfices avaient été de beaucoup moins de 2 millions, soit exactement de 1.720.026 fr. 79, c'est-à-dire inférieure de plus de 100 % au chiffre allégué par CORPORON, il est au moins singulier de voir le Tribunal dans son jugement définitif évaluer à 6.500.000 francs l'ensemble des éléments vendus, leur valeur devant varier en raison directe et non en raison inverse des bénéfices réalisés.

SUR TROIS ERREURS DONT EST ENTACHE LE CALCUL PAR LEQUEL LE TRIBUNAL FIXE LA VALEUR DU FONDS A 6.500.000 Fr. ET LA DETTE DE JOSEPH EN SUITE DE SA DECISION A 3.999.000 Fr.

Attendu que c'est la méconnaissance ou l'oubli des principes et des données admises dans une partie du jugement déféré, qui ont conduit les premiers juges à fixer, dans l'autre, les éléments de l'actif à des chiffres dont le total forme celui de 6.500.000 francs, qui représente la valeur d'illusion.

Attendu, en effet, que, d'après le jugement, le décompte des éléments de l'actif s'établit ainsi qu'il suit :

Terrains	1.500.000	»
Caves et stocks	595.000	»
Immobilisations diverses	3.250.000	»
Valeur de l'achalandage, de la clientèle, du droit au bail et du droit au nom commercial	1.155.000	»
TOTAL	6.500.000	»

I. Or, attendu que, dans une première partie de son jugement, le Tribunal reconnaît que les terrains ne doivent pas entrer dans le décompte de l'actif pour leur valeur en soi, mais pour leur valeur relative ; qu'il prend même soin de fixer cette valeur relative à 900.000 francs, en faisant subir à la valeur en soi un abattement de 600.000 francs.

Qu'il aurait donc dû faire entrer pour 900.000 francs et non pour 1.500.000 francs les terrains dans le décompte ci-dessus.

II. Attendu que le chiffre de 3.250.000 francs, d'après les experts, représente à concurrence de 1.500.000 francs, la valeur du mobilier et du matériel, et, à concurrence de 1.700.000 francs en chiffre arrondi, les immobilisations diverses apportée à l'immeuble.

Attendu que le Tribunal, en ce qui concerne les améliorations et immobilisations diverses, proclame dans les motifs de son jugement : « qu'elles ont « une destination tellement attachée au fonds de commerce proprement dit « qu'elles s'y incorporent et que le fonds ne peut se concevoir sans leur pré- « sence; que la durée du bail de 34 ans est telle qu'aucun de ces éléments n'a « été jugé par les experts d'une durée supérieure à ce chiffre, qu'ainsi aucune « parcelle de leur valeur, même en fin de bail, ne pourra être liquidée, ni récu- « pérée ; qu'ils constituent véritablement l'outil de production et ne sauraient, « n'ayant aucune valeur possible de réalisation, constituer une monnaie d'échange; « qu'il est donc inexact et injuste surtout si l'on applique les principes de « M. Retail *et sa méthode de calcul d'ajouter leur valeur à la valeur des* « *biens incorporels, ce qui ferait, à coup sûr, double emploi* ».

Attendu qu'il résulte clairement de ce raisonnement que les 1.700.000 francs d'améliorations ne devaient pas être ajoutés pour le calcul de l'ensemble de l'actif aux éléments incorporels fixés par le Tribunal à 1.155.000 francs ; que, cependant, il les y ajoute dans le décompte ci-dessus, par le fait même qu'il ne les déduit pas du chiffre de 3.250.000 francs qui représente à la fois et le mobilier et les améliorations immobilisées dans l'immeuble.

Attendu qu'ainsi il est lumineusement démontré que, d'après les données

mêmes du jugement déféré, le calcul de l'actif tel qu'il est établi par le jugement déféré, doit être rectifié ainsi qu'il suit :

Terrains : 1.500.000 — 600.000 = ...	900 000	»
Mobilier : 3.250.000 — 1.700.000 = ...	1.550.000	»
Caves et stocks	595.000	»
Valeur de l'achalandage, de la clientèle, et du droit au bail et du droit au nom commercial	1.155.000	»
TOTAL........	4.200.000	»

Ce chiffre, bien entendu, supposant encore maintenue l'évaluation des
terrains, du mobilier et de la cave, adoptée par le Tribunal et les experts,
en dépit des critiques, parfaitement justifiées, élevées contre elle par JOSEPH.

III. Attendu que le jugement déféré ne s'est pas contenté de ces contradictions
manifestes qui l'ont conduit à commettre une erreur de 1.700.000 + 600.000 =
2.300.000 ; mais qu'encore dans le calcul des sommes qu'il estime être dûes
par JOSEPH, à la suite de sa décision, il va commettre une erreur de 440.090
francs.

Qu'en effet, posant en principe, que ce que JOSEPH a acheté le 6 janvier
1926 vaut 6.500.000 francs, alors que, dit-il, il ne l'a payé que 2.510.000 francs,
il dit que OSEPH doit la différence, soit 6.500.000 — 2.510.000 = 3.990.000
francs.

Mais que le Tribunal oublie simplement que le prix de 6.500.000 francs, fixé
par lui, comprend les marchandises en cave, cependant que JOSEPH a payé
les mêmes marchandises 443.090 fr. 40, en sus du prix fixé pour l'adjudication, d'où il suit que même si, ce qui ne peut-être, les éléments de l'actif
devaient être considérés comme valant 6.500.000, JOSEPH ayant payé sur
cette somme 2.510.000 + 443.090,40 = 2.953.090,40(ne serait plus redevable
que de la différence, soit de 6.500.000 — 2.953.090,40 = 3.546.909,60.

Attendu cependant que, sûr de ce calcul entaché d'erreurs aussi graves,
le Tribunal n'a pas hésité à ordonner l'exécution provisoire *sans caution* de
sa décision dans des conditions dont l'illégalité sera soulignée ici après.

Attendu que, toutefois, cette exécution provisoire à laquelle CORPORON
a tenté de faire procéder sur le fonds de commerce, a été arrêtée suivant ordonnance de M. le Président du Tribunal civil, du 2 juillet 1930, laquelle, relève
encore dans le jugement du 31 mars 1930, une quatrième contradiction, dont il
sera parlé ci-dessous.

Attendu que, de la discussion qui précède, il résulte déjà à l'évidence que
l'évaluation à 6.500.000 francs ne saurait être maintenue ; qu'acheté en 1920
pour le prix de 100.000 francs, outre mobilier évalué à 950.000 francs, le fonds
n'a pas subi de transformations telles qu'il aurait été remplacé par un établissement différent et qu'en 1926, même avec un bail prolongé, mais majoré, il
aurait pu atteindre pour tout ou partie de ses éléments une plus value aussi
anormale.

SUR LE CONTRE-RAPPORT RETAIL :

Attendu que JOSEPH verse aux débats un contre-rapport, établi par M. Retail, docteur ès-sciences juridiques et économiques, expert comptable et arbitre rapporteur près les Tribunaux de la Seine, professeur à l'Ecole des Hautes-Etudes Commerciales.

Attendu que ce praticien éminent est l'auteur d'un ouvrage qui fait autorité « L'Expertise judiciaire, en matière d'évaluation de fonds commerce », auquel, tant les experts que le jugement déféré se réfèrent à chaque ligne.

Attendu qu'il résulte à l'évidence de ce rapport que, tant les experts que le jugement déféré, ont fait une fausse application des principes admis par lui.

Attendu que M. Retail s'est rendu sur les lieux, a examiné soigneusement les bilans, vérifié les bénéfices de chaque exercice qu'il estime que, seules deux évaluations sont possibles, l'une la plus favorable à JOSEPH, atteignant 3.340.000 francs et l'autre la plus défavorable 3.640.000 francs.

Attendu que, même en admettant le chiffre le plus fort, celui de 3.640.000 francs, on doit constater que la lésion n'est pas atteinte, puisque le prix payé par JOSEPH, 2.953.000, représente plus que les trois-quarts de 3.640.000 francs.

Attendu que la démonstration de l'absence de lésion ressort de ce rapport avec d'autant puls de force, que M. Retail raisonne dans l'hypothèse où l'évaluation des terrains soit à 1.300.000 fr., soit à 1.500.000, évaluation dont l'exagération a été démontrée ci-dessus, devrait être maintenue.

Attendu dans ces conditions, que Joseph rapporte la preuve que l'adjudication du 6 janvier 1926 n'est pas entachée de lésion.

Attendu, au cas où la Cour ne croirait pas devoir adopter les conclusions de M. Retail, qu'une contre expertise s'impose.

En droit

Attendu qu'au cas où la Cour ne croirait pas devoir ordonner une nouvelle mesure d'instruction, elle devrait en l'état surseoir à statuer sur la demande tendant à la rescision pour lésion.

Attendu qu'il est incontestable que les principes régissant les partages de succession sont ceux qui s'appliquent aux partages de Société.

Attendu que pour savoir si une lésion existe il faut reconstituer la situation successorale dans tous ses éléments actifs et passifs, de façon à établir la balance qui, seule, peut faire apparaître la lésion ;

Qu'il ne suffit donc pas qu'un co-héritier ait subi une perte prohibée par la loi sur un objet de la succession, mais que la lésion doit résulter d'un déficit sur la valeur du lot, compte tenu des prélèvements et des rapports de toutes sortes ; que la lésion, en d'autres termes, ne peut porter que sur la part successorale ou sur la part sociale.

Qu'en l'espèce la liquidation de la Société n'a point été faite ; qu'il appartiendra aux liquidateurs de déterminer la part revenant à chaque associé, après avoir fait entrer en ligne de compte les dettes et les créances des associés ; qu'il sera établi ci-après que CORPORON doit des sommes considérables dont il doit être fait état.

Qu'en ce qui concerne spécialement entre autres créances, celles résultant des nombreux faits qui ont motivé les plaintes de JOSEPH, il y a lieu de rappeler l'arrêt de la Chambre des Mises en accusation de la Cour du 31 janvier 1929. Que cette disposition qui a acquis l'autorité de la chose jugée proclame que ces faits « apparaissent comme la preuve manifeste *d'une gestion* « *désordonnée* de CORPORON plutôt que comme des actes constitutifs du « délit d'abus de confiance et doivent par suite figurer comme éléments *utiles* « dans le compte de liquidation de la Société JOSEPH CORPORON. »

Que les liquidateurs ont donc à appurer la situation, en tenant compte de ces « éléments utiles » et en appliquant la valeur que la Cour aura donnée aux biens meubles et immeubles licités ; qu'à ce moment seulement, il sera possible, s'il y a lieu, de prononcer la rescision du partage, comprenant cette opération de la licitation.

SUR LES CONSEQUENCES DE LA RESCISION
SI ELLE DEVAIT ETRE D'ORES ET DEJA PRONONCEE

Attendu que la Cour doit statuer exclusivement sur le mérite d'une action en rescision pour lésion de plus du quart.

Attendu que l'action en annulation pour cause de dol de la vente du 6 janvier 1926 a été définitivement écartée par le jugement précité du 27 juillet 1927 ; que ce jugement dont d'ailleurs CORPORON n'avait pas relevé appel incident sur ce chef, a été confirmé par arrêt de la Cour du 20 mars 1928 et a acquis définitivement l'autorité de la chose jugée.

Attendu que l'effet normal de la rescision est de replacer toutes choses dans l'état où elles se trouvaient antérieurement à l'acte rescindé.

Attendu toutefois qu'à teneur de l'article 891 du C. C. le défendeur à l'action en rescision peut en arrêter le cours en fournissant au demandeur le supplément de sa portion héréditaire soit en numéraire, soit en nature.

Attendu que méconnaissant ces principes, le jugement entrepris prononce dans son dispositif la rescision de la vente du 6 janvier 1926. Mais que, transformant arbitrairement en une obligation la faculté que réserve à JOSEPH l'article 891, précité, il le déclare, dans ses motifs, tenu d'arrêter les effets normaux de la rescision en payant la différence entre le prix de l'adjudication et le prix fixé par le Tribunal. Qu'en somme dans une partie de ses dispositions, le jugement impose à JOSEPH l'exécution d'une vente dont, dans d'autres, il prononce l'annulation.

Attendu qu'une telle décision viole ouvertement l'article 891 du C. C. que vainement le Tribunal, pour la justifier invoque cette circonstance que JOSEPH étant à son dire de mauvaise foi, il doit à titre de sanction être privé du droit d'option que lui confère la loi.

Mais attendu qu'il a été définitivement jugé par le jugement du 27 juillet 1927, qu'il ne s'était pas rendu coupable de dol et que, par ailleurs, l'article 891 C. C. ne distingue pas entre le rescindé de bonne foi et le rescindé de mauvaise foi. Que d'autre part, cette distinction n'a été proposée par aucun auteur ni admise par aucune décision de jurisprudence.

Attendu d'ailleurs qu'en matière de partage, la lésion ne comporte d'autre sanction que la rescision ; qu'elle ne donne jamais lieu à l'allocation de dommages et intérêts ou à des condamnations à titre de dommages et intérêts ;

Attendu que le jugement du 21 mars 1930, en privant JOSEPH de son droit d'option, viole encore l'article 1531 du C. C., puisque ce droit a été formellement réservé au concluant par le jugement du 27 juillet 1927, qui a acquis l'autorité de la chose jugée et dont le dispositif : « Réserve à CORPO-« RON, en face de l'actif de la liquidation... tous ses droits de faire prononcer « la rescision de la dite adjudication pour cause de lésion de plus du quart « si l'adjudicataire (soit JOSEPH) n'AIME PAS MIEUX AUPARAVANT « FAIRE DISPARAITRE LA DITE LESION ».

Que cet argument tiré du principe de l'autorité dûe à la chose jugée a d'autant plus de poids que le même jugement du 27 juillet avait, tout en maintenant le droit d'option de JOSEPH, analysé et apprécié, pour déclarer qu'ils n'étaient pas constitutifs du dol, tous les faits dont CORPORON prétend induire aujourd'hui la mauvaise foi de JOSEPH et auxquels il voudrait voir attacher la sanction de la privation du droit d'option (1).

---

(1) Voir sur ces points de droit les consultations reproduites ci-après, en annexes, de M. le Professeur Capitant et de M. Labbé, avocat au Conseil d'Etat et à la Cour de Cassation.

Attendu donc que la Cour devra proclamer que JOSEPH n'a point perdu la faculté que lui confère l'article 891 du C. C. et que, conformément à la loi, il pourra l'exercer à son choix, soit en espèces, soit en nature.

Attendu que, au cas où JOSEPH ne jugerait pas utile d'user de cette faculté, la rescision, si elle est maintenue, ne saurait avoir d'autre effet que de le contraindre à remettre les choses dans l'état antérieur au 6 janvier 1926, c'est-à-dire à restituer suivant les règles du droit à l'indivision les biens objet de la vente rescindée.

Attendu qu'en ce cas JOSEPH aurait encore droit au remboursement de ses dépenses d'améliorations qu'il a engagées depuis le 6 janvier 1296, soit depuis sa prise de possession et dont le montant atteint 2.016.000 francs pour les années 1926-1927 seulement sans compter celles effectuées pendant les années postérieures qui augmentent ce chiffre considérablement ; qu'il y aura lieu d'instituer une expertise aux fins de les faire décrire et évaluer, les experts judiciaires ayant refusé de procéder à leur évaluation.

SUR L'EXECUTION PROVISOIRE
ILLEGALEMENT ORDONNEE PAR LES PREMIERS JUGES

Attendu que les premiers juges ont autorisé CORPORON à poursuivre l'éxécution provisoire de la décision rendue, sans caution, et directement contre JOSEPH et non contre la liquidation à concurrence de 1.500.000 francs.

Attendu que cette condamnation a été prononcée en violation de la loi ; qu'en effet, à teneur de l'article 439 du C. C., l'exécution provisoire *sans caution* ne peut être ordonnée que s'il y a titre non attaqué ou condamnation précédente dont il n'a pas été fait appel.

Attendu qu'il n'y a, en l'espèce, ni titre non attaqué, ni décision antérieure non frappée d'appel dont puisse se prévaloir CORPORON.

Attendu en second lieu et au fond que cette condamnation ne pouvait intervenir au profit de CORPORON personnellement mais au profit seulement de la liquidation.

Attendu enfin que les textes de loi et notamment l'article 891 du C. C. étant exactement appliqués aux faits de la cause, il est certain qu'aucune condamnation ne pouvait être prononcée par le Tribunal et ne pourrait être encore prononcée par la Cour, avantque JOSEPH ait opté entre les deux facultés que lui offre l'article 891 C. C.

Attendu que, s'il accepte de subir la rescision, au cas où elle serait prononcée, il devient *ipso facto* créancier du prix qu'il à payé, soit 2.953.000 francs avec intérêts dès le jour où il l'a versé.

Qu'il devient, en outre, créancier de ses impenses d'améliorations, qui doivent lui être remboursées et dont le montant dépasse 2.016.000 francs, comme il est dit ci-dessus pour 1926 et 1927 et 1.000.000 pour les années postérieures, soit au total 3.000.000 de francs.

Que, dans ce cas, JOSEPH se trouverait créancier envers la liquidation de près de 6.000.000, créance de beaucoup supérieure au montant des fruits à restituer, dont la moitié revenant à CORPORON, ne serait que de 300.000 francs pendant les meilleures années ; qu'au sujet des fruits, d'ailleurs, il est indiqué que, comme pour la plupart des palaces, les bénéfices de l'exploitation de la saison 1930 ont été nuls.

Attendu que si JOSEPH opte pour la faculté que lui réserve la loi d'arrêter le cours de la rescision en payant le complément du prix, il peut à son gré effectuer ce paiement soit en nature, soit en espèce (article 891 C. C.) et relacher, si bon lui semble, à CORPORON, en paiement du complément du prix, ou des terrains ou des marchandises ; que l'obligation de payer 1.500.000 francs en l'espèce le privait donc de son droit de se libérer en nature.

Attendu qu'il n'est pas inutile de rappeler que M. le Président du Tribunal civil, suivant ordonnance en date du 2 juillet dernier, a suspendu l'exécution provisoire sur le fonds commerce de la condamnation ci-dessus, jusqu'à interprétation par lui jugée nécesaire du jugement du 21 mars 1930, dont les dispositions contradictoires ne permettaient pas de dire s'il avait entendu maintenir la propriété du dit fonds à JOSEPH ou en ordonner, par l'effet normal de la rescision, la restitution à l'indivision.

Demande reconventionnelle de Joseph

I

SUR UNE CREANCE DE 250.000 FRANCS DE JOSEPH CONTRE CORPORON EN VERTU DE L'ACTE DU 9 SEPTEMBRE 1920. — S. S. P.

Attendu que sous un des chefs de ses conclusions principales devant le Tribunal, CORPORON demandait que le compte personnel de JOSEPH dans la liquidation fut débité d'une somme de 100.000 francs qui, représentant une partie du prix de la cession des droits de Possenti à JOSEPH, suivant acte Grummel, notaire, du 3 mai 1920, constituerait une dette personnelle de celui-ci dont, au dire de CORPORON, il ne se serait pas acquitté et dont il n'aurait pas fait débiter son compte.

Mais attendu que JOSEPH a prouvé le mal fondé de cette demande ; qu'il lui a justement opposé, en effet, l'acte du 9 septembre 1929. Qu'antérieurement à cet acte, une association existait entre trois personnes : CORPORON et POSSENTI, tous deux figurant en nom et JOSEPH, associé occulte : que JOSEPH possédait la moitié de l'actif social, CORPORON et POSSENTI chacun le quart. Que, suivant l'acte Grummel du 3 septembre 1920, précité, JOSEPH racheta la part de POSSENTI moyennant 200.000 francs, plus l'annulation d'un prêt de 50.000 francs consenti par lui à POSSENTI (soit au total 250.000 francs) et que dès lors, les droits sociaux de CORPORON et de JOSEPH dans l'affaire se trouvèrent répartis comme suit : 3/4 à JOSEPH, 1/4 à CORPORON. Que tant l'existence de cette association que la quotité des droits de JOSEPH dans la dite association ont été formellement reconnues par les parties dans l'acte du 9 septembre 1920.

Attendu que c'est dans cette situation que, dans le but d'égaliser les parts des associés CORPORON et JOSEPH dans l'actif social, intervint l'acte 9 septembre 1920, par lequel JOSEPH cédait à CORPORON un des trois-quarts de sa part pour le prix de 250.000 francs, soit pour le prix qu'il venait de payer à POSSENTI en contre partie de l'acquisition du quart de celui-ci.

Attendu que sous paragraphe 4, cet acte constate que CORPORON a investi dans l'affaire 100.000 francs et JOSEPH en tout 600.000 francs (soit 300.000 francs de capital initial, 200.000 francs payés à POSSENTI, 50.000 francs, annulation d'un prêt à POSSENTI et 50.000 francs, montant d'un prêt consenti à CORPORON), total des capitaux investis par les deux associés : 700.000 francs.

— 25 —

Attendu que, sous paragraphe 5, l'acte stipule qu'en vue d'égaliser les mises JOSEPH vend à CORPORON, qui accepte, une partie de sa mise propre pour le prix de 250.000 francs qui, avec les 100.000 francs de capital versés initialement par CORPORON formaient un total de 350.000 francs. Que, par ailleurs et comme conséquence la part de JOSEPH était ramenée à la somme égale de 350.000 francs, si bien que par l'effet de l'acte sus-dit du 9 septembre 1920, les deux associés devenaient intéressés à parts égales dans l'affaire.

Attendu qu'il est clair que la prétention de CORPORON de faire débiter JOSEPH personnellement de la somme de 100.000 francs est en contradiction formelle avec l'acte sus-dit ; qu'au contraire, en vertu du même acte JOSEPH était fondé à demander que CORPORON fut déclaré personnellement débiteur envers lui de la somme de 250.000 francs. Que si le prix de la cession par POSSENTI à JOSEPH est bien une charge de JOSEPH, le prix de la cession par CORPORON à JOSEPH est pareillement une charge de CORPO-RON ; que JOSEPH n'a jamais été payé des 250.000 francs, prix de cette cession, ni par compensation, ni autrement que sa prétention d'en faire débiter CORPORON envers lui personnellement, telle qu'il la présentait aux premiers juges était donc parfaitement fondée.

Attendu toutefois que CORPORON a tenté d'y résister, en soutenant que l'acte du 9 sepembre 1920 aurait été annulé par un autre du 31 août 1922, parce qu'aux termes de celui-ci les parties avaient décidé d'annuler tous les actes antérieurs, leurs rapports étant désormais réglés uniquement, dit COR-PORON par l'acte constitutif du 15 mai 1920 et par la cession POSSENTI à JOSEPH du 3 septembre 1920.

Mais attendu que l'acte du 31 août 1922 s'exprime textuellement ainsi : « toutes décisions ou conventions antérieures sont annulées. Les droits et rela-« tions des deux associés seront réglés par les statut de l'acte de la Société « du 15 mai 1920, l'acte de cession du 15 septembre 1920 (sic) et l'acte « d'apport de ce jour » (apport des terrains dont l'acquisition, par fraude. avait été réalisée au nom du seul CORPORON).

Or, attendu qu'il n'existe pas d'acte de cession entre les parties portant la date du 15 septembre 1920 et que, sous cette date inexacte, celles-ci entendaient virer exclusivement l'acte de cession du 9 septembre 1920 que, loin d'annuler, elles confirmaient ainsi dans toutes ses dispositions.

Attendu d'ailleurs que l'acte du 31 août 1922 n'avait d'autre objet que d'arrêter le compte des avances de JOSEPH à la Société, cependant que l'acte du 9 septembre avait pour seul but de fixer le montant de la dette personnelle de CORPORON envers JOSEPH à la suite de la cession par celui-ci d'une partie de se droits.

Attendu que CORPORON a encore soutenu que l'acte de cession auquel l'acte du 31 août 192 attribuait la date inexacte du 15 septembre 1920 ne pouvait être que l'acte de cession POSSENTI JOSEPH du 3 septembre 1920, celui-ci étant le seul acte de cession intervenu courant septembre 1920.

Mais attendu que c'est là une affirmation inexacte ; que l'acte du 9 septembre 1920 comporte cession par JOSEPH à CORPORON de l'un des trois-quarts de sa part ; que son objet répond donc parfaitement à la dénomination acte de cession.

Attendu que CORPORON dans une note après plaidoirie a soutenu encore: c'est bien l'acte du 3 septembre 1920 (cession POSSENTI à JOSEPH), que les « parties ont entendu viser « sinon, a-t-il ajouté textuellement, JOSEPH n'au-« rait plus fait partie de la Société ».

Mais attendu d'une part, qu'avant l'acte du 3 septembre 1920, JOSEPH faisait déjà partie de la Société comme associé occulte, ainsi que l'acte du 9 septembre 1920 l'explique très nettement dans son paragraphe 1 et que, d'autre part, soutenir que le fait de ne pas viser l'acte du 3 septembre 1920 dans l'acte du 31 août 1922 ait pu avoir pour effet de supprimer à JOSEPH sa qualité d'associé procède d'une méthode d'interprétation assez étrange pour qu'il soit inutile de pousser plus avant la discussion.

Attendu que la vérité est qu'en se plaçant tant au point de vue de l'intention des parties qui apparaît nettement que l'interprétation littérale de l'acte du 31 août 1922, on voit bien que c'est en réalité l'acte du 9 septembre 1920 qui a été visé. Que l'acte du 3 septembre 1920 n'affecte pas les « droits et relations » des parties c'est-à-dire de CORPORON et de JOSEPH. Qu'il règle simplement la substitution de JOSEPH à POSSENTI, opération indifférente à CORPORON dont les droits dans l'actif social après cet acte resteront les mêmes.

Attendu qu'au contraire l'acte du 9 septembre 1920 règle les droits et relations des parties, c'est-à-dire de CORPORON au regard de JOSEPH et réciproquement en ce que, notamment, par l'effet de cet acte CORPORON qui n'avait qu'une participation d'un quart aura une participation de moitié.

Attendu bien plus, que si l'acte du 31 août 1922 devait être considéré comme annulant celui du 9 septembre 1920, il faudrait en tirer cette conséquence que les parts respectives des associés dans l'actif seraient celles que leur assignaient les accords antérieurs au 9 septembre 1920 et que dès lors dans le système plaidé par CORPORON celui-ci devrait n'être considéré que comme propriétaire du quart seulement de l'actif social, la part de JOSEPH étant égale aux trois-quarts.

Attendu que le Tribunal a donc donné une interprétation exacte aux actes en appréciant « que l'acte du 9 septembre 1920 avait réglé définitivement l'affaire POSSENTI »; que cet acte avait été confirmé et non annulé par celui du 31 août 1922, ajoutant, ce qui est inexact : « que l'on ne comprendrait « pas que les parties revinssent après deux années écoulées sur une conven-« tion aussi essentielle sans préciser très nettement toutes les conséquences de « cette annulation ».

Mais attendu que, par la suite, il s'attache à établir que l'acte du 31 août 1922 arrête le montant des avances de JOSEPH à la Société qui, dit l'acte, s'élèvent à ce jour à la somme de 1 million 132.051 francs, chiffre qui devra, dit le Tribunal, être retenu par les liquidateurs. Que ce point est constant aux débats, mais que les premiers juges auraient dû également accueillir la prétention de JOSEPH tendant à ce que l'acte du 9 septembre 1920 soit exécuté selon sa forme et teneur et que CORPORON soit débité envers lui personnellement de la somme de 250.000 francs avec intérêts à 6 % dès le 15 avril 1920, date fixée dans l'acte comme point de départ des intérêts.

Attendu qu'à l'occasion de la discussion sous ce chef de prétention, CORPORON a prétendu tirer un argument d'équité de ce qu'il aurait fait à la Société l'apport gratuit du bail et de l'option sur le fonds de commerce BERNASCON.

Mais attendu que l'association entre JOSEPH, POSSENTI et CORPORON existait dès avant l'acte du 15 mai 1920, étant constatée par un accord en date d'avril 1920, accord rappelé dns le premier paragraphe de l'acte du 9 septembre 1920, comme il est dit ci-dessus ; qu'elle avait été constituée en vue de l'acquisition d'un fonds d'Hôtel à Aix et que les parties avaient envisagé tout d'abord celle du Grand Hôtel d'Aix. Que ce n'est que par la suite qu'elles décidèrent de traiter avec BERNASCON ; qu'en tous cas, il était entendu que CORPORON et POSSENTI se procureraient toutes les options nécessaires et que JOSEPH fournirait les capitaux pour leur réalisation, ce qui advint et que dès lors, seule, l'intervention financière de JOSEPH a pu donner une valeur pour CORPORON à l'option obtenue pour celui-ci de BERNASCON et que l'on ne voit pas en quoi les profits de l'affaire auraient été inégalement répartis en faveur de JOSEPH.

Attendu au contraire, et toujours au point de vue de l'équité, qu'il est étrange que le jugement déféré ait cru devoir contraindre JOSEPH, contrairement au droit, à payer 6.500.000 francs, valeur au 6 janvier, une chose dont, au 9 septembre 1920, il avait cédé le quart à son co-associé pour 250.000 francs ; qu'en un mot si l'adjudication du 6 janvier 1926 comporte une lésion au préjudice de CORPORON, la cession du 9 septembre 1920 en comporte une autre au préjudice de JOSEPH.

II

SUR DES CHEMINEES DE MARBRE DE CARRARE
INCORPOREES A L'HOTEL ET VENDUES PAR CORPORON

Attendu qu'il est constant que CORPORON a vendu environ 50 cheminées en marbre de Carrare incorporées à l'immeuble et dont il n'a pas versé le prix dans la caisse sociale. Que le fait a été retenu par BERNASCON dans son assignation du 14 octobre 1925 pour justifier sa demande en résiliation de bail.

Attendu que vainement CORPORON soutient que M. Lefèvre, architecte.

les auraient données à Massonnat, entrepreneur, en rémunération de travaux exécutés par lui, au vu et au su de JOSEPH.

Attendu d'abord que Lefèvre a été choisi comme architecte par la Société corporon dont CORPORON était le seul Gérant ; qu'il est invraisemblable que Lefèvre ait abandonné les cheminées en question à titre de rémunération à Massonnat. Que celui-ci n'en fait pas état dans ses mémoires et qu'en tous cas le fait est resté à l'état de pure allégation sous la plume de CORPORON ; qu'un fait certain et indéniable est établi par l'aveu même de celui-ci, à savoir que sous sa gestion et à sa connaissance des cheminées de grande valeur qui n'étaient ni sa propriété ni celle de la Société CORPORON ont été cédées à un tiers sans contre partie au moins pour la Société. Que le fait constitue une lourde faute de gestion dont CORPORON est responsable. Qu'il est rappelé que lesdites cheminées en marbre de Carrare étaient au nombre de 50 et non de 15.

Attendu que les travaux de l'Hôtel ont eu lieu pendant l'hiver, époque pendant laquelle JOSEPH était en Amérique ; qu'il ne peut être sérieusement soutenu qu'il aurait approuvé le fait expressément ou tacitement. Que sa prétention sur ce chef est donc parfaitement fondée.

III

**SUR LE DETOURNEMENT DES TAXES DE SEJOUR
AU PREJUDICE DE LA VILLE D'AIX-LES-BAINS
PENDANT LES ANNEES 1922-23 ET 1924
ET LA RESPONSABILITE QUI A RAISON DE CES FAITS
ENGAGE CORPORON PERSONNELLEMENT AU MOINS
DANS SES RAPPORTS AVEC JOSEPH**

Attendu qu'en vertu de la loi du 24 septembre 1919, des décrets des 4 mai 1920 et 31 juillet 1921 et de l'arrêté municipal du 25 février 1922, l'Hôtel BERNASCON, devait, comme tous les hôtels de la ville, percevoir sur tous les étrangers une taxe de séjour au profit de la Ville et de l'Etat, l'hôtelier n'étant pour cette perception constitué le mandataire légal de la Ville à teneur de l'art. 13 de la loi précitée du 24 septembre 1929.

Attendu que la Ville d'Aix découvrit que des sommes perçues à son profit par l'Hôtel BERNASCON pendant la gestion de CORPORON et aussi pendant la saison 1925 avaient été détournées à son préjudice et que bien plus il était perçu sur les clients plus qu'ils ne devaient à teneur de la législation précitée, ce qui constituait en outre une escroquerie au préjudice de ceux-ci. Que la Ville d'Aix déposa plainte le 25 septembre 1925. Que M. Boudillon, Commis expert suivant ordonnance de M. le Juge d'Instruction du 28 octobre 1925 dressa rapport de ses recherches, constatations et conclusions, d'où résulte que pendant les années 1922-23-24 et 25 et dans l'hypothèse la plus favorable aux inculpés (CORPORON, DETRAZ et Autres) il a été détourné 18.117 fr. 60.

Attendu que l'expert Boudillon déclare que pour déterminer exactement le montant des sommes détournées, il lui aurait été nécessaire d'avoir sous les yeux le carnet à souches d'où étaient extraites les fiches sur lesquelles étaient inscrits le nom du client, le montant de la note proprement dite et la taxe de séjour (P. 15 de son rapport). Mais qu'il n'a pu que constater la disparition de ce carnet à souches et qu'il s'exprime à ce sujet textuellement ainsi : « Ces « carnets, même ceux de 1925 qui constituaient pour DETRAZ Louis alors « directeur, la justification de sa gestion devant les liquidateurs n'ont pu être « retrouvés. Les explications contradictoires fournies sur ce point par Blan- « chard, DETRAZ Louis et CORPORON, ne permettent pas de douter que « ces documents ont été détruits intentionnellement. » (P. 52 de son Rap.)

Attendu que ces faits de détournements ont été imputés solidairement avec d'autres à CORPORON. Que si celui-ci par ses agissements a pu engager la responsabilité de la Société envers la Ville d'Aix et l'Etat en vertu de l'article 1384 du C. C., il est évident que dans ses rapports avec JOSEPH, CORPORON doit en être déclaré seul responsable, celui-ci n'ayant à supporter les consé- quences pécuniaires des délits commis par son co-associé investi des fonctions de gérant que dans les rapports de la Société avec les tiers. Qu'il était donc fondé à demander que CORPORON soit déclaré personnellement débiteur dans la liquidation de toutes les sommes que la Ville d'Aix ou l'Etat pour- raient être appelés à réclamer à la Société CORPORON et Compagnie soit à la suite de transaction, soit en exécution de décisions judiciaires.

Attendu que cette prétention a été repoussée par les premiers juges sous le prétexte : « qu'il semble bien que ces perceptions clandestines n'ont profité « qu'à des agents subalternes et non à CORPORON lui-même. »
Mais attendu que la participation de CORPORON dans les faits ci-dessus ne saurait être mise en doute ; que l'expert Boudillon P. 24 de son Rap. s'ex- primait ainsi « les irrégularités relevées en 1922 ont eu pour effet de frustrer « la Ville et l'Etat du produit de 3.925 jours de taxe soit de 7.918 francs, fait « imputable à Blanchard et à CORPORON. « Qu'il dit encore P. 28 : « Les « irrégularités relevées pour 1923 ont eut pour résultat de frustrer la Ville et « l'Etat du produit de 2.576 jours de taxes, soit de 6.183 fr. 60, faits imputables « à CORPORON, BLANCHARD et DETRAZ Louis. » Qu'il dit enfin P. « 31 : « Pour 1924, le montant des irrégularités relevées accuse un détourne- « ments de 450 journées de taxes soit de 1.080 francs, au préjudice de la Ville « et de l'Etat, fait que l'expert considère comme imputable à CORPORON, « DETRAZ Louis, le rôle de Donmartin apparaissant très effacé ».

Attendu cependant, que le réquisitoire de M. le Procureur de la Répu- blique du 14 avril 1928 suivi d'une ordonnance conforme de M. le Juge d'Ins- truction, n'a vu dans ces faits que des infractions frauduleuses à la législation sur la taxe de séjour, lesquelles sont poursuivies et réprimées à la requête des Villes et de l'Etat comme en matière d'octroi. Qu'il a déclaré n'y avoir lieu à poursuites du chef d'abus de confiance, mais cela pour un motif qui est loin d'innocenter CORPORON. Que ce réquisitoire, en effet, s'exprime textuellement ainsi : « Par suite de la destruction systématique de la comptabilité, il « n'a pas été possible de calculer exactement le montant des sommes dont a « été ainsi frustrée la Ville d'Aix. Mais en envisageant toujours l'hypothèse « la plus favorable aux inculpés (c'est-à-dire, à CORPORON et autres), l'ex- « pert commis a établi que ces sommes n'étaient pas inférieures à 18.117 fr. 60. « S'il résulte de l'information, les présomptions les plus graves que ces agis- « sements ont été accomplis grâce à la collusion des divers employés de l'Hôtel « et notamment des inculpés (c'est-à-dire entre autres de CORPORON) dans « le but de frustrer à la fois et les clients et la Ville et de se partager ces « profits illicites, il n'a pas été possible cependant d'établir la culpabilité de « chacun des inculpés dans la perpétration de ces délits d'escroquerie et « d'abus de confiance.

« Mais que l'information a établi que les inculpés CORPORON, DETRAZ « Louis, DETRAZ Marcel, ont commis des infractions aux lois et règlements « sur la taxe de séjour, notamment ... en mentionnant d'une manière inexacte « les dates d'arrivée et de départ des clients, etc... Requérons qu'il plaise à « M. le Juge d'Instruction de renvoyer les nommés CORPORON Marc, DE- « TRAZ Louis et BLANCHARD Louis devant le Tribunal Correctionnel pour « y être jugés, conformément à la loi. »

Attendu qu'une ordonnance de M. le Juge d'Instruction, conforme à ce équisitoire ayant été rendue le 19 avril 1928, il est stupéfiant que les premiers juges aient pu apprécier que CORPORON était peut être étranger aux faits dont s'agit puisqu'il a été renvoyé devant le Tribunal Correctionnel pour en répondre.

Attendu qu'il y était si peu étranger qu'il a pris l'initiative de demander à la Ville d'Aix et qu'il a obtenu d'elle une transaction qui a arrêté pour l'ins- tant les poursuites. Mais que cette transaction n'a pas encore été exécutée par lui. Qu'il est donc juste que si la Ville d'Aix et l'Etat étaient appelés à exercer un recours contre la liquidation, CORPORON soit débité seul et per- sonnellement de la somme que celle-ci aurait à leur payer. Que cette somme, à laquelle s'ajoutent les frais d'expertise et d'information peut-être augmen- tée d'une amende égale à 3 fois les sommes dont la Ville et l'Etat ont été privés, ces infractions ayant un caractère frauduleux au premier chef (article 16 du décret du 4 mai 1920).

SUR LES GRIEFS QUI ONT FAIT L'OBJET DES PLAINTES
DEPOSEES PAR JOSEPH

Attendu que de l'information à laquelle il a été procédé contre COR- PORON sur plaintes déposées par JOSEPH et de l'expertise à laquelle il a été procédé par MM. Boudillon, Bagneux et Nivière, experts commis par M. le Juge d'Instruction, suivant ordonnance du 9 février 1926, résulte la preuve

de faits qui constituent pour le moins à la charge de CORPORON des infractions graves aux obligations auxquelles il était tenu envers JOSEPH en sa
qualité de mandataire. Que JOSEPH, incontestablement, est en droit de lui
demander compte d'un ensemble de sommes qu'il a encaissées pour le compte
de la Société et qu'il ne justifie pas avoir versées à la Caisse sociale ou encore
de sommes qu'il a sorties de la Caisse sociale en les faisant figurer à la Comptabilité en dépenses sous des rubriques mensongères. Que JOSEPH est en
outre fondé à demander réparation du préjudice moral et matériel qui lui a
été causé de ce chef.

Attendu que l'arrêt de la Chambre des Mises en accusation de la Cour
de Chambéry, en date du 31 janvier 1929, s'il confirme l'ordonnance de non
lieu de M. le Juge d'Instruction du 9 janvier précédent, retient cependant dans
ses motifs que, s'il n'y pas lieu de déférer à la juridiction répressive les faits
dénoncés, l'intention frauduleuse faisant défaut à certains d'entre
eux et les autres étant couverts par la prescription, ces mêmes
faits apparaissaient cependant dans leur ensemble « comme la
« preuve manifeste d'UNE GESTION DESORDONNEE DE CORPORON ET
« DOIVENT EN CONSEQUENCE FIGURER COMME ELEMENTS UTI-
« LES DANS LE COMPTE DE LIQUIDATION. »

Attendu qu'on ne pouvait dire en termes plus clairs que sinon l'action
pénale fondée sur l'article 408 du C. Pénal, du moins, l'action civile que
JOSEPH tire de l'article 1993 du C. Civil, apparaissait comme fondée ; que,
cependant, sans tenir le moindre compte de cette appréciation et méconnaissant l'autorité qui s'y rattache, le Tribunal refusera de voir dans ces mêmes
faits « des éléments utiles pour le compte de liquidation » et d'infliger à aucun
d'eux les sanctions réclamés par JOSEPH, le tout pour des motifs dont l'étran-
geté et l'insuffisance vont être mise en lumière.

OPERATIONS AVEC LE CREDIT LYONNAIS

Premier rapport des experts Bagneux, Nivière et Boudillon p. 12 à 39

Attendu que des constatations des experts, il résulte que pendant le
deuxième semestre 1920 et le premier et le deuxième semestres 1921, la comptabilité sociale fait apparaître comme ayant été versée au Crédit Lyonnais
un somme de 2 millions 190.232 fr. 85, quand les versements réels, d'après
les comptes de banque, ont été de 2 millions 449.589 fr. 84, d'où une différence en plus, d'après la Banque, de 259.298 fr. 99.

Qu'inversement, les experts ont constaté que les retraits de la Banque,
d'après la comptabilité de celle-ci ont été de 2 millions 449.589 fr. 84, alors
que, d'après la comptabilité sociale, ils n'auraient été que de 2 millions 190.296
fr. 84, d'où une différence en plus, d'après la Banque, de 259.296 fr. 99, égale
à celle ci-dessus.

Attendu que CORPORON reconnaît que cette somme représentait des deniers sociaux et que cet aveu résulte notamment des explications successives et contradictoires qu'il aventurées pour se justifier et qui seront discutées ci-après. Que d'autre part, le fait matériel qu'il a encaissé ladite somme par le moyen de chèques tirés à son ordre à dûe concurrence sur le Crédit Lyonnais, chèques énumérés dans la plainte et dans le rapport des experts est constant ; que sauf à lui à justifier qu'il l'a affectée aux besoins de la Société, il doit être déclaré débiteur de son montant envers celle-ci.

Attendu que CORPORON a proposé, pour se justifier, deux explications successives et contradictoires, qui ont cependant ceci de commun entre elles, qu'elles restent à l'état de simples allégations dépourvues de preuves.

Que tout d'abord, il a déclaré aux experts : « MM. les experts ont sans « doute déjà compris que tous les chèques tirés à mon ordre et que l'on me « reproche ont été tirés en vue de paiements à effectuer aux fournisseurs. » (premier Rapport des experts, P. 19.)

Attendu qu'apparemment CORPORON pensait que cette explication trouverait quelque crédit auprès des experts en raison de ce que la disparition d'une partie de la comptabilité les placerait dans l'impossibilité d'en démontrer l'inanité ; que ce calcul ayant été déjoué parce que les experts, après vérification, ont pu établir qu'avec les chèques dont s'agit, CORPORON n'avait pas payé de dettes sociales, celui-ci imagina alors la nouvelle explication suivante :

« L'écart que vous me signalez, déclare-t-il, aux experts, entre les écri« tures du Crédit Lyonnais et celles de la Société s'expliquent très facile« ment par la pratique très courante de l'Hôtel qui consiste à avancer aux « clients (il parlera plus loin d'avances aux joueurs), des sommes plus ou « moins importantes pour lesquelles, ils remettent des chèques que j'ai déposés « au nom de la Société au Crédit Lyonnais et qui ne figurent évidemment « pas dans la comptabilité. » (Ce qui veut dire que la sortie des fonds nécessaires au paiement de chaque chèque n'était pas mentionnée au livre de caisse de l'Hôtel). Que CORPORON ajoute : « Après avoir déposé en banque au « Crédit Lyonnais les chèques que m'avaient remis les clients en couverture « d'avances faites par ma caisse, j'étais évidemment amené à prélever à la « Banque la somme nécessaire pour alimenter ma caisse et éventuellement « rembourser aux clients l'excédent de mon chèque sur leur avance. »

Attendu au surplus que l'on se réfère aux explications très claires par lesquelles les experts font comprendre le mécanisme des opérations successives auxqueles CORPORON prétend s'être livré (P. 28 de leur premier Rapport).

Attendu que cette seconde version de CORPORON qui, on le répète, n'est étayée sur aucun élément de preuve est d'une invraisemblance grossière : que tout d'abord il ne fera croire à personne qu'il ait décaissé des sommes aussi importantes pour payer des chèques à des joueurs sans mentionner sur

son livre de caisse ces opérations ; que pendant le second trimestre 1921 elles
ont porté sur les chiffres suivants :

> 65.000 le 13 août 1920.
> 70.000 le 21 août 1920.
> 6.000 le 3 septembre 1920.
> 25.000 le 17 septembre 1920.

Tous prélèvements effectués au Crédit Lyonnais sans que la comptabilité
sociale en porte la moindre trace.

Qu'en second lieu le montant du chèque de 8.970 francs tiré sur le Crédit Lyonnais le 7 décembre par CORPORON n'était certes pas destiné à rembourser la Caisse d'une avance consentie à un client habitué ou non des salles de jeux ; qu'à cette époque de l'année, l'Hôtel et les Casinos étant fermés il n'y avait ni clients ni jeux.

Que de troisième part, enfin, l'explication de CORPORON suppose l'inscription régulière sur le compte de la Société CORPORON et Cie au Crédit Lyonnais et par le crédit de ce compte du montant de chaque chèque remis par le client ou joueur et payé par l'Hôtel sans inscription sur la comptabilité sociale.

Or, attendu que pendant la période envisagée, aucun chèque n'a été mentionné sur la comptabilité du Crédit Lyonnais au crédit du compte de la Société CORPORON, en contre partie des chèques qu'aurait tiré CORPORON pour combler les vides de la caisse de l'Hôtel, ce qui réduit à néant le système laborieusement échaffaudé par CORPORON.

Attendu qu'ainsi la seconde explication de CORPORON ne mérite pas mieux que la première, avec laquelle elle est en contradiction absolue, de retenir l'attention ; qu'aucun doute ne saurait s'élever sur la gravité des irrégularités relevées sous ce chef que les experts commis par M. le Juge d'Instruction n'ont écarté le détournement qu'au bénéfice du doute et que dans leur premier Rapport, P. 32, ils s'expriment textuellement ainsi : « On ne peut
« affirmer que les chiffres énumérés par JOSEPH dans l'exposé de son pre-
« mier grief constituent un détournement de CORPORON. Il y a là la base
« du raisonnement de JOSEPH une simple apposition qu'en l'état de la do-
« cumentation produite, il n'a été possible ni de confirmer ni d'infirmer mais
« à laquelle les faits qui seront exposés à la fin du présent chapitre, relative-
« ment au transfert au Crédit Lyonnais des fonds déposés à la Société Géné-
« rale apportent un argument qui ne laisse pas d'être sérieux. »

Attendu que le jugement déféré du 21 mars 1930 s'est borné pour écarter la prétention de JOSEPH de faire débiter CORPORON envers la Société de la somme ci-dessus de 259.296 fr. 99 à retenir que leur détournement n'était pas établi. Mais que JOSEPH n'excipe pas dans la présente procédure de l'article 408 du Code Pénal que sa prétention est fondée sur les dispositions de l'article 1993 du Code Civil à teneur duquel CORPORON, gérant de la société est tenu envers celle-ci de rendre compte de sa gestion et de faire raison de tout ce qu'il a reçu en vertu de sa procuration ; qu'il suffit donc de constater qu'il ne fait pas raison d'une somme de 259.296 fr. 99 représentant des deniers sociaux qu'il a successivement versés au compte de la Société au Crédit Lyonnais et retirés de ce compte pour qu'il soit débité du montant de ladite somme envers la Société.

Attendu que le rapport des experts Bagneux, Nivière et Boudillon constate, on ne peut plus clairement, que CORPORON n'a pas justifié de l'emploi de cette somme.

V

OPERATIONS AVEC LA SOCIETE GENERALE

Premier rapport des experts Bagneux, Nivière et Boudillon p. 34

1°

Attendu qu'il est constant en fait que CORPORON a fait ouvrir un compte à la Société Générale le 3 août 1920 au Crédit duquel il n'a versé que des fonds sociaux. Que l'extrait de ce compte accuse un total de versements s'élevant à 164.478 fr. 10 alors que selon la comptabilité sociale le montant des sommes versées à cette banque s'élève à 179.478 fr. 10 d'où une différence de 15.000 francs qui provient de ce que la comptabilité sociale mentionne un versement de pareille somme à la Société Générale alors que ce versement auquel il ne l'a pas affectée.

Attendu qu'ainsi, il est établi à l'encontre de CORPORON qu'il a sorti de la caisse sociale une somme de 15.000 francs avec l'indication d'un emploi auquel il ne l'a pas affecté.

Attendu que la mauvaise foi de CORPORON est flagrante et démontrée non seulement par l'inanité des explications qu'il fournit : « je ne me souviens pas de ces 15.000 francs » (Premier rapport d'expert, P. 35), mais encore par cette circonstance retenue par les experts que lorsqu'il retire le solde du crédit de son compte à la Société Générale, il tire, le 23 août 1920, un chèque dont il va être question ci-après et dont le montant est exactement égal au crédit du compte, tel qu'il ressort de la comptabilité de la Banque et non tel qu'il ressort de la comptabilité de la Société. Que par là, il est démontré que CORPORON avait une parfaite connaissance de cette différence de 15.000 francs, ce qui exclut toute possibilité d'erreur involontaire.

Attendu que, sauf à lui à justifier qu'il l'a employée dans l'intérêt de la Société CORPORON doit être débité envers elle de la dite somme de 15.000 francs par application des dispositions de l'article 1993 du Code Civil.

2°

Attendu que le 23 août 1920, CORPORON tire sur la Société Générale un chèque de 164.478 fr. 10 soit d'un montant égal au solde créditeur du compte de la Société dans cette banque.

Attendu que le même jour, il verse au Crédit Lyonnais 64.478 fr. 10 seulement soit 100.000 francs de moins; qu'il ne justifie pas de l'emploi de cette
différence de 100.000 francs dont, par ailleurs, on ne trouve aucune trace dans
les écritures sociales.

Attendu qu'interrogé sur cette irrégularité par les experts de l'information,
CORPORON a déclaré: « j'affirme que j'ai donné l'ordre à la Société de virer
« le solde de mon compte au Crédit Lyonnais. Cette opération a dû avoir lieu
« vers le 23 août. En tous cas, cette somme n'a pas été encaissée par moi à la
« Société Générale et versée ensuite par moi au Crédit Lyonnais. J'ignore
« tout du versement de 64.478 fr. 70 fait le 23 août 1920 » (P. 36, du premier
rapport ; Bagneux, Nivière et Boudillon. Pièce annexe 16 ; troisième réponse).

Attendu que par cette explication CORPORON tendait évidemment à se
décharger sur le dos des banques de la disparition de la somme de 100.000
francs ci-dessus, puisqu'à son dire le virement aurait été effectué de banque
à banque, sur son ordre il est vrai, mais sans qu'il ait eu à intervenir dans
l'opération du transfert des fonds.

Mais attendu que la fausseté de la dite explication a été péremptoirement
établie par les experts ; que ceux-ci mentionnent, en effet, dans leur rapport,
p. 36 qu'il a été produit « par la Société Générale un chèque de fr. 164.178,10
(cent soixante quatre mille cent soixante dix huit francs dix, pièce annexe n° 24)·
signé par CORPORON le 23 août 1920 et acquitté à la même date par le
gérant du Crédit Lyonnais à Aix-les-Bains ».

Que les experts ajoutent : « l'explication donnée par CORPORON se
« trouve donc démentie par un document qui ne laisse aucun doute sur la
« façon dont s'est effectuée le retrait des fonds de la Société Générale. COR-
« PORON n'a pas donné l'ordre à cette Banque, comme il l'a affirmé, de
« faire le versement au Crédit Lyonnais, mais a fait établir au gui-
« chet du Crédit Lyonnais, sur une formue volante, remise par l'Agence et non
« pas extraite d'un carnet de chèques correspondant au compte de la Société,
« un chèque qu'il a lui-même signé. Cela ressort d'une façon indiscutable de
l'examen du document lui-même ». (Rapport premier des experts, p. 36.)

Attendu que de plus fort le versement de 64.478 fr. 10 a été effectué au
Crédit Lyonnais sur bordereau de versement signé de CORPORON, disent les
experts est d'une écriture qui est manifestement la sienne (pièce annexe n° 27)
et que les experts ajoutent encore : « contrairement à ses dires, c'est bien lui-
« même CORPORON qui a versé au Crédit Lyonnais le jour même du retrait
« de 164.478 fr. 10 de la Société Générale, la somme de 64.478 fr. 10 ».

Attendu qu'ainsi la différence de 100.000 francs relevée ci-dessus ne peut
être imputable qu'à CORPORON et qu'il est incontestable qu'il en droit compte
à la Société.

Attendu que les experts cependant constatent que le 24 août 1920 COR-
PORON aurait versé 170.000 francs au Crédit Lyonnais et que cette somme

pourrait comprendre les 100.000 francs dont s'agit et qui provenaient du retrait effectué la veille à la Société Générae.

Mais qu'une supposition aussi légèrement aventurée n'eut pas suffi à écarter l'application au fait ci-dessus de l'article 408 du C. Pénal si, par ailleurs, il n'avait pas été couvert par la prescription ; — qu'à fortiori elle ne saurait dispenser CORPORON de l'obligation de rendre compte qui lui incombe en vertu de l'art. 1993 du C. Civil.

Attendu d'ailleurs qu'elle est démentie par tous les éléments de la cause.

Que tout d'abord, il est infiniment plus probable que le versement effectué au Crédit Lyonnais le 24 août, c'est-à-dire au plus fort de la saison représente des recettes encaissées à l'Hôtel.

Qu'en second lieu, on se demande pourquoi CORPORON aurait gardé par devers lui 100.000 francs le 23 août sur le retrait effectué à la Société Générale uniquement pour les verser le 24 août au Crédit Lyonnais, au lieu de verser à cette banque le même jour 23 la totalité des 164.478 fr. 10.

Qu'en troisième lieu la fragilité de cette hypothèse n'a pas échappé aux experts puisque, comme ils le constatent, l'excédent des retraits et des versements au Crédit Lyonnais sert déjà à étayer le système que CORPORON oppose à la prétention de JOSEPH sous le quatrième chef ci-dessus et à expliquer ses invraisemblables opérations de prêts aux clients.

Qu'enfin et surtout cette hypothèse est contredite par CORPORON lui-même ; qu'en effet, il nie avoir encaissé ces 100.000 francs, puisqu'il nie avoir retiré personnellement ou par chèque le montant créditeur du solde du compte de la Générale; que, dans son propre système, il ne les a donc pas reçus le 23 de cette banque et que, dans ces conditions, il est clair qu'il ne pouvait les verser le 24 au Crédit Lyonnais.

Que l'on ne saurait donc considérer comme une justification suffisante, au sens de l'art. 1993 du Code Civil, une simple supposition admise par les experts, et, de plus fort, contredite par CORPORON lui-même.

Attendu enfin qu'il n'y a pas lieu de s'arrêter à l'observation des experts selon laquelle le comptable Taylor, chargé de vérifier la comptabilité aurait pu consulter les documents justificatifs ; que les irrégularités objet de ce chef de discussion lui ont fatalement échappé, puisqu'ainsi qu'il l'a déclaré aux experts, ce praticien se bornait à établir la régularité des livres comptables et ne procédait pas au contrôle du mouvement des fonds par l'examen des comptes de banque (p. 33 du premier rapport).

Attendu d'aileurs que le fait que le chèque utilisé par l'opération du retrait des fonds à la Société Générale a été établi sur formule volante ainsi que le constatent les experts démontre bien la préoccupation dans l'esprit de CORPORON de soustraire ladite opération au contrôle par comparaison du talon du carnet de chèque utilisé par l'Hôtel avec les écritures sociales et de la dissimuler à tout comptable chargé de la vérification des écritures sociales.

Attendu qu'ainsi la prétention de JOSEPH de faire débiter CORPORON de la somme de 100.000 francs ci-dessus avec intérêts de droit dès le 23 août 1924 est parfaitement fondée.

VI

SUR LES ACQUISITIONS DE TERRAINS

Premier rapport des Experts Bagneux, Nivière et Boudillon p. 39

Attendu que les experts de l'information ont établi que CORPORON ayant acquis pour le compte de la Société CORPORON et Cie différents terrains avoisinant l'Hôtel, les prix qui auraient été payés aux vendeurs d'après la comptabilité dépassent de 115.831 francs les prix portés aux actes d'achat.

Qu'en ce qui concerne l'acquisition des terrains Crépeaux, acte Vallet, notaire, du 1ᵉʳ décembre 1921.

Le prix ressort d'après la Comptabilité à .... 31.363 »
D'après l'acte frais compris à 20.113 30

Différence 11.249 70

Qu'en ce qui concerne l'acquisition des terrains Chapuis, acte Tamine, notaire, du 18 novembre 1921.

Le prix payé ressort d'après la comptabilité à 107.025 50
D'après l'acte frais compris à 76.139 10

Différence 30.886 40

Qu'en ce qui concerne l'acquisition des terrains Durand, acte Tamine, notaire, du 22 février 1923.

Le prix payé ressort d'après la comptabilité à .... 107.355 »
D'après l'acte frais compris à .... 50.383 »

Différence ..... 56.972 »

Qu'en ce qui concerne l'acquisition des terrains Rosset, Chapuis, acte Page, notaire, des 30 juillet et 30 août 1924.

Le prix payé ressort d'après la comptabilité à .... 65.000 »
D'après les actes frais compris à 49.177 85

Différence 16.823 15

Total des différences : 115.831 francs.

Attendu qu'ainsi, une somme de 115.831 francs a été portée fictivement à la comptablité sociale par CORPORON comme affectée à des acquisitions de terrains, alors qu'il résulte des actes constatant ces acquisitions qu'elle n'a pas été utlisée à cette fin. Que JOSEPH était donc fondé à demander au Tribunal de déclarer CORPORON tenu de la restituer à la caisse sociale.

Attendu que le jugement entrepris repousse cette prétention sous le prétexte d'une part que CORPORON allègue que la dite somme aurait été distribuée par lui, à titre de rémunération à des tiers qui auraient négocié les acquisitions dont s'agit : « que l'intervention de ces personnes interposées (sic) « ajoute le jugement n'est pas discutable, mais que les experts ont été dans « l'impossibilité d'obtenir d'elles la moindre précision sur le montant des « sommes qui leur ont été allouées. Qu'ainsi les accusations de Joseph n'ont « pas été prouvées ».

Attendu qu'une fois de plus le Tribunal méconnaît que l'action de JOSEPH est l'action en reddition de compte basée sur l'article 1993 du Code Civil ; que cette action est fondée par le fait même qu'il prouve par les actes que contrairement aux énonciations fausses portées sur la comptabilité la dite somme de 115.831 francs ne fait pas partie du prix d'acquisition des terrains ; que sauf à CORPORON à prouver qu'il l'aurait utilisée à un autre usage dans l'intérêt de la Société, il doit en être débité envers celle-ci ;

Attendu qu'ainsi la charge de la preuve incombe non à JOSEPH, comme l'admet inexactement le jugement déféré, mais à CORPORON ; que non seulement celui-ci n'a rien prouvé devant les experts de l'information, mais que l'invraisemblance grossière de ses allégations a été lumineusement démontrée.

Attendu, en effet, que sa prétention que la somme ci-dessus de 115.831 fr. représente des rémunérations qu'il a dû payer à des intermédiaires est démontré fausse notamment par les circonstances ci-après :

a) Que si CORPORON disait vrai, on ne verrait pas pourquoi la comptabilité, sous la rubrique particulière à chaque achat ne mentionnerait pas et le montant de la commission et le nom de l'intermédiaire.

b) Que le montant des commissions allouées ressortirait, d'après les experts, à 40 % du prx d'achat pour les terrains Chapuis, à 81 % pour les terrains Crépeaux et à 125 % (cent vingt cinq pour cent ! ! !) pour les terrains Durand. Que le taux d'une telle rémunération est trop exorbitant des pratiques suivies en pareille matière pour que le système de CORPORON puisse être pris au sérieux.

c) Qu'enfin sommé devant M. le Juge d'Instruction par la partie civile de révéler le nom de ses intermédiaires prétendus, CORPORON n'en a indiqué qu'un seul, un sieur REY, qui au cours d'une première audition a d'abord invoqué l'imprécision de ses souvenirs, et qui, interrogé une seconde fois, a reconnu avoir reçu 10.000 francs à titre de commission encore qu'étant restaurateur, il ne fasse pas profession de s'occuper de vente et d'achat d'immeubles. Qu'une autre personne indiquée par lui comme ayant reçu une commission, M. Durand l'a démentie : « déclarant avoir agi purement et simplement, obligeamment... » (voir premier rapport des experts discussion des quatrième et onzième griefs, p. 47 et déclaration Durand, pièce annexe 17). Que CORPORON a prétendu que les autres s'étaient dérobés (sic). Que toujours sur question de la partie civile. (Confrontation du 7 juillet 1928. Interrogatoire du 9 octobre 1928), il s'est refusé à donner les noms des intermédiaires prétendus.

Attendu que les achats de certains de ces terrains ont été réalisés au nom de CORPORON, alors qu'ils auraient dû l'être au nom de la Société ; que lors que JOSEPH qui se trouvait en Amérique au moment où les actes ont été passés s'aperçut de cette supercherie, il exigea que CORPORON en fit l'apport à la Société ce qui fut fait par acte Grumel, notaire, du 31 août 1928. ,Que ces terrains dont l'apport par CORPORON est constaté audit acte sont évalués 135.000 francs avec, en contre partie, de la part de JOSEPH une promesse d'apport fictive et de pure forme de pareile somme en espèces, promesse qui n'avait pour but, ainsi que le constatent les experts, que d'égaliser les apports de chacun des associés. Qu'en outre, la délibération de la Société CORPORON du 31 août 1922 porte que CORPORON « est autorisé à prélever la somme de « 135.000 francs en compte et ce pour permettre de rembourser le montant « des prix et frais qu'il a dû payer pour les acquisitions Crépeaux, Marillet « Louis, Chapuis par lui apportées à la Société ».

Attendu qu'il est inexplicable, si ces terrains ont coûté, commission comprise, les prix portés en comptabilité par CORPORON, que le même CORPO-RON ne les ait fait figurer dans l'acte d'apport que pour les prix portés dans les actes d'acquisition.

Attendu que les experts commis par M. le Juge d'Instruction et après eux le réquisitoire de M. le Procureur de la République du 7 janvier 1929 ont qualifié de troublantes ces constatations, appréciation que l'on ne trouverait pas sous leur plume si CORPORON avait justifié d'un emploi avouable de la somme en discussion.

Attendu que faute par lui de fournir cette justification, la prétention de JOSEPH sur ce chef se trouve fondée ; que, cependant pour l'écarter, le jugement déféré proclamera : « que l'intervention des intermédiaires n'est « pas discutable, mais que les experts ont été dans l'impossibilité d'obtenir « d'eux les moindres précisions sur le montant des sommes qui leur ont été « allouées », passant sous silence que cette impossibilité résulte essentiellement du refus de CORPORON de révéler leurs noms, ce refus résultant lui-même de ce que ces intermédiaires prétendus n'ont jamais existé que dans son imagination.

Attendu que vraiment encore le jugement déféré retient cette circonstance que le comptable Taylor aurait vérifié la comptabilité et connu ainsi les prix d'acquisition portés sur es livrés ; mais que le comptable Taylor n'a pu comparer ces prix à ceux portés aux actes, n'ayant pas vu les actes, ainsi qu'il l'a déclaré aux experts (p. 59 du premier rapport d'experts. Pièce annexe n° 18). Qu'au surplus dans un rapport rédigé par lui et dont extrait a été versé par JOSEPH au dossier de l'information, il s'exprime textuellement ainsi : « ter-rains, frcs 286.665, 10. Ce chiffre représente la somme payée pour les terrains « achetés depuis l'acquisition du bail (sic), il est le montant figurant dans les « livres de la Société. Nous n'avons pas vu le cahier des charges (sic) de cette « propriété ».

VII

OPERATION AVEC LE COMPTOIR NATIONAL D'ESCOMPTE DE PARIS

Deuxième rapport des Experts Bagneux, Nivière et Boudillon p. 1

Attendu qu'il résulte des constatations faites par les experts de l'information qu'au 31 décembre 1922, la comptabilité sociale accuse un crédit au profit de la Société contre le Comptoir d'Escompte de Paris de 9.990 fr. 15, cependant que le compte de cette banque n'accuse au profit de la Société qu'un crédit de 131 fr. 75, d'où une différence, disent les experts, abstraction faite des frais et intérêts non écriturés par la Banque et la Société de 10.000 francs en chiffres arrondis, somme que CORPORON porte inexactement sur les livres sociaux comme déposée en banque.

Attendu que toujours en vertu de l'article 1993 du Code Civil, JOSEPH a le droit de demander compte à CORPORON de cette somme de 10.000 francs qu'il a affectée à un usage autre que celui mentionné faussement dans la comptabilité ; que sauf à CORPORON à justifier qu'il l'a utilisée à une autre fin et dans l'intérêt de la Société, il doit en être personnellement débité dans la liquidation.

Attendu que les experts avaient estimé qu'il n'était pas établi que le fait constituait le détournement prévu et puni par l'article 408 du Code Pénal pour le motif que cette différence n'avait pas échappé au comptable Taylor et qu'il en avait fait l'objet d'une écriture « d'attente » pour « mettre ses écri-« tures en concordance avec les soldes de la banque ». Qu'ils ont constaté en effet l'écriture suivante au 31 décembre 1922, journal folio 27, Banque à sus-pence. — Différence en compte avec la banque 10.272 fr. 55 (deuxième rapport des Experts, p. 3 et 4).

Attendu que le jugement déféré écarte l'action de JOSEPH sur ce chef, sous le prétexte que le comptable Taylor « passa, à ce sujet, une écriture de « régularisation... et qu'il ne convient pas, après 8 années écoulées de modifier « au détriment de l'un des associés une écriture de régularisation passée par « la comptabilité ».

Mais attendu que les experts constatent qu'il ne s'agissait que d'une écriture d'attente, c'est-à-dire d'une écriture de régularisation pour ordre et destinée seulement à permettre la balance des comptes ; que la rubrique sous laquelle elle a été passée « suspence », indiquait clairement qu'elle ne figurait que provisoirement à ce poste de la comptabilité jusqu'à ce que le point de savoir si cette somme de 10.000 francs devait être passée au débit de la Société ou à celui de CORPORON ait été définitivement réglée d'une manière ou d'une autre. Que le tribunal devait donc trancher ce point litigieux laissé en suspens et qu'il devait, par application du principe rappelé ci-desssus, débiter COR-PORON de la somme en discussion.

VIII

SUR LES RECETTES ACCESSOIRES DE L'HOTEL
NON VERSEES EN COMPTABILITE

Premier rapport des Experts Bagneux, Nivières et Boudillon p. 65 et suivantes

Attendu que la presque totalité des recettes accessoires provenant des exploitations annexes de l'Hôtel (Bar Chalet Dancing) et afférentes à l'année 1926 n'ont pas été portées à la Comptabilité Générale, ni versées dans la Caisse Sociale, qu'elles ne sauraient être évaluées à moins de 120.000 francs et que CORPORON est évidemment comptable de cette somme envers la Société.

Attendu que cette prétention de JOSEPH a été écartée par le jugement déféré pour le motif que les experts de l'information auraient « écarté définiti- « vement ce grief puisqu'il y a parfaite concordance entre les versements des « clients et les recettes passées au crédit de la clientèle ».

Or, attendu que rien de semblable n'est dit dans le rapport des experts ; que Joseph leur avait fait remarquer d'une part que pour 1924 ces recettes s'étaient montées à 128.805 fr. 55 contre 17.202 fr. 26 en 1922 et que, d'autre part, sur le registre spécial n° 8 des livres saisis, on pouvait constater pour la période du 18 au 30 avril des recettes pour un total de 10.396 francs, somme non portée dans la comptabilité générale.

Attendu cependant que les experts ayant trouvé dans la comptabilité et dans le journal aux dates des 15 et 16 août et des 29 et 30 août, des recettes sans indication d'origine respectivement de 21.523 francs et de 23.329 fr. 25, ils en ont déduit que ces somes pourraient représenter les recettes non enregistrées dont il est question sous ce grief.

Attendu qu'ainsi l'hypothèse envisagée par les experts sur laquelle ils se sont fondés pour exclure le détournement était loin de supposer « la parfaite concordance » entre les versements et les recettes, contrairement à ce qu'affirment les premiers juges.

Attendu, d'autre part, que cette hypothèse est dénuée de vraisemblance ; que CORPORON lui-même n'a jamais attribué une telle origine aux recettes mentionnées au Journal aux dates ci-dessus. — Que pour le Chalet à la Direction duquel il a prétendu être resté étranger, il est allé jusqu'à nier avoir encaissé les recettes provenant de son exploitation (premier rapport d'experts. p. 67). Que l'hypothèse envisagée par les experts se trouvait donc formellement en contradiction avec les déclaration même de CORPORON.

Attendu que le Chalet, le Bar et le Dancing a toujours été dirigés par COR- PORON ; qu'il doit compte des recettes qui y ont été encaissées. Que les deux sommes de 21.523 fr. et de 22. 329 fr. portées au Journal aux dates relevées par les experts ne constituaient pas des recettes provenant de ces établissements annexes ; qu'il n'y aurait pas eu de raison de faire figurer sur le livre à deux dates seulement des recettes journalières encaissées quotidiennement.

Attendu, d'autre part, que leur total est inférieur de 80.000 francs en chiffres ronds, au montant des recettes de même nature encaissées en 1924.

Attendu qu'enfin, même si l'hypothèse des experts était admissible, elle ne suffirait pas à expliquer l'absence de recettes dans la période comprise entre le 30 août et le 30 septembre au sujet desqueles, en tous cas, CORPORON devait être considéré comme ne fournissant aucune justification.

IX

SUR DES SALAIRES INDUMENT PERÇUS

Deuxième rapport des experts Bagneux, Nivière et Boudillon, P. 5.

Attendu qu'il est constant et établi que Mme CORPORON, avec la complicité de son mari, s'est fait payer 2 mois de salaire (novembre et décembre 1922) à 400 francs par mois, soit 800 francs suivant reçu n° 42 des pièces jointes à la plainte qui fait double emploi avec un autre de 2.400 francs.

Qu'il est constant également que le 31 juillet 1924 elle pose le compte de ce qui lui est dû comme salaire à cette date et se crédite dans ce compte des salaires afférents aux mois de février, mars et avril 1924 ; qu'elle a encaissé le solde du compte ainsi établi, soit la somme de 1.900 francs.

Mais attendu que par la suite CORPORON s'est fait rembourser la somme de 1.600 francs, montant des salaires afférents à a période comprise entre le 1er février et le 31 mai 1924 sous le prétexte faux qu'il les avait payés à sa femme, alors que celle-ci les avait reçus de la Caisse sociale et que cette somme était comprise dans le paiement de 1.900francs ci-dessus.

X

EN CE QUI CONCERNE L'AUTOMOBILE VENDUE PAR CORPORON AU DOCTEUR PEGAZ

Deuxième rapport des Experts Bagneux, Nivières et Boudillon p. 8

Attendu qu'il a été établi par l'information et par le rapport des experts qu'au cours de l'année 1925, CORPORON a vendu au docteur Pégaz d'Albisur-Chéran, une automobile Chenard et Walker, dépendant du matériel social : qu'il en a reçu le prix, soit 27.000 francs, en août 1925, soit à une époque postérieure à la dissolution de la Société et pendant laquelle CORPORON n'avait aucune somme à encaisser au nom de celle-ci.

Attendu que CORPORON a reconnu devant les premiers juges devoir à la liquidation la somme reçue de docteur Pégaz, qu'il déclare inexactement n'avoir été que de 25.480 francs ; que le Tribunal lui donne acte de sa déclaration tout en ajoutant que CORPORON avait toujours reconnu le fait matériel de cette vente.

Attendu à la vérité que CORPORON a d'abord essayé de se disculper en soutenant contre toute vraisemblance qu'avec l'argent provenant de la vente ci-dessus, il avait acheté pour la Société une autre automobile marque Talbot (voir son interrogatoire du 9 novembre 1928) que ce n'est que lorsque JOSEPH eut démontré péremptoirement que cette affirmation était fausse que CORPORON finit par se reconnaître débiteur du prix encaissé par lui de l'auto Chenard et Walker.

Mais attendu que la somme reçue à ce titre n'était pas de 25.480 francs mais de 27.000 francs, ainsi que le déclare le Docteur Pégaz, interrogé par M. le Juge d'Instruction. (Voir procès-verbal d'information du 17 ocotobre 1928). Que c'est donc de cette somme de 27.000 francs que CORPORON doit être débité dans la liquidation avec intérêts de droit dès le jour où il l'a reçue.

XI

OPERATIONS SUSPECTE AVEC MASSONAT, ENTREPRENEUR

Deuxième rapport des Experts Bagneux, Nivière et Boudillon p. 13

Attendu qu'il est constant en fait qu'au début de l'année 1925 il était dû par la Société 32.000 fr. à Massonnat, entrepreneur ; que CORPORON lui adressa une traite acceptée de 55.000 fr., en le priant de faire escompter ladite traite et de lui remettre la différence, soit 23.000 francs à titre de prêt.

Attendu qu'à l'échéance, la traite de 55.000 francs a été intégralement payée par la Caisse de la Société, CORPORON ayant omis de débiter son compte personnel de la somme de 23.000 francs, cependant que le compte de Massonnat a été crédité de 22.000 francs le 2 avril, un rabais de 1.000 francs, du mois les experts le supposent, ayant été consenti par la suite.

Attendu que CORPORON a soutenu qu'il ne fallait voir dans cette opération suspecte au premier chef qu'un emprunt de 23.000 francs qu'il avait contracté dans l'intérêt de la Société. Mais qu'à l'époque où cet emprunt prétendu serait intervenu, la Société n'avait nul besoin d'avances ; qu'elle pouvait alors disposer : 1° de 120.000 francs, montant d'une ouverture de crédit

Grumel, notaire ; 2" d'avances que lui consentaient les banques et notamment le Comptoir National d'Escompte de Paris ; et qu'enfin : 3° elle n'avait nul besoin d'emprunter sous la forme aussi insolite et d'ailleurs illicite d'une traite de complaisance.

Attendu que le comptable Sheath ayant découvert cette opération irrégulière débita CORPORON de la somme de 23.000 francs ; qu'aussitôt celui-ci pour contrebalancer ce débit, crédita son compte de différents paiements qu'il aurait effectués pour la Société et d'une somme de 8.783 fr. 30 pour prétendus frais de voyage.

Attendu que les experts de l'information déclarent dans leur rapport : « il ne semble pas douteux que ce chiffre (celui de 8.783 fr. 30) a été calculé « pour arrondir à 22.000 francs le paiement effectué au cours du mois ». C'est-à-dire, calculé pour annuler le débit porté au compte de CORPORON (deuxième Rapport des Experts, P. 15).

Attendu que CORPORON n'a apporté aucune justicification de ses prétendues dépenses de voyage ; et que par ailleurs l'écriture de 8.783 fr. 30 apparaît non pas comme exprimant le montant de dépenses réellement effectuées, mais comme un artifice destiné exclusivement à balancer son compte au débit duquel le comptable Shealth l'avait mis en demeure de porter la somme de 22.000 francs ci-dessus.

Attendu que CORPORON devra être déclaré tenu de restituer cette somme de 8.783 fr. 30 que par le procédé suspect dénoncé ci-dessus il a prélevé indûment sur l'actif social et qu'il ne justifie par avoir employée dans levée indûment sur l'actif social et qu'il ne justifie pas avoir employée dans l'intérêt de la Société.

XII

SUR DIFFERENTES CREANCES OU RECETTES DE LA SOCIETE ENCAISSEES PAR CORPORON ET NON VERSEES PAR LUI A LA CAISSE SOCIALE

Attendu qu'il s'agit d'un ensemble de faits examinés au second rapport des experts de l'information sous les 13°, 15°, 16°, 17° et 20° griefs. Qu'il a été établi par les experts et qu'il n'est d'ailleurs pas dénié par CORPORON qu'il a encaissé pour le compte de la Société : 1" des créances diverses au montant total de 7.493 fr. 20 (cette somme représentant des ventes de marchandises et de matériel, une indemnité de sinistre après incendie, reçue de la Compagnie d'Assurances « Le Phénix » et un règlement de Comptes avec la maison Jay et Jallifier, dont il va être question ci-après).

2" Toutes les recettes provenant des ristournes faites par les loueurs d'autos et de bénéfices réalisés sur les opérations de change pendant les années 1920 à 1924 inclus, recettes qui pour les 5 années envisagées ne sauraient être évaluées à moins de 125.000 francs.

Attendu que CORPORON doit compte de ces sommes à la masse.

Attendu qu'à la vérité, il prétend les avoir versées à un compte dit « compte spécial », sorte de caisse noire qui n'a jamais fonctionné que dans son imagination ; qu'il ne justifie pas de l'existence de ce compte et que ses allégations quant à ce sont contredites par tous les éléments de la cause.

Attendu qu'au cours de son audition par M. le Juge d'Instruction du 20 novembre 1928, au procès-verbal de laquelle on se réfère, JOSEPH a démontré que les pièces à l'aide desquelles CORPORON prétendait établir l'existence de ce compte spécial n'avaient aucune portée. Que les recettes et les dépenses qui, selon CORPORON, auraient été inscrites à ce compte n'avaient aucune raison de n'être pas mentionnées à la comptabilité régulière, où figurent d'ailleurs des recettes de même nature que celles qui font l'objet de la présente discussion.

Attendu par ailleurs qu'aucun employé à la comptabilité de l'Hôtel n'a jamais eu connaissance de ce prétendu compte spécial. Que le témoin Sheath, comptable, a déclaré au cours de son audition par M. le Juge d'Instruction, le 2 août 1928 (voir procès-verbal daté du même jour auquel on se réfère) · « J'ignore tout de l'existence de ce compte ». Que les témoins Ludovici et Glais ont fait la même déclaration.

Attendu toutefois que l'exitence de ce compte est affirmée par un sieur Détraz, employé à l'Hôtel mais que la déposition de ce témoin est suspecte au premier chef ; qu'il a été impliqué avec CORPORON dans l'affaire de détournement des taxes de séjour qui fait l'objet de la discussion ci-dessus sous le troisième chef des demandes reconventionnelles de JOSEPH et que l'on rappelle que le réquisitoire précité du 14 avril 1928 et l'ordonnance conforme de M. Juge d'Instruction ont estimé que ce délit ayant été commis par plusieurs, il était impossible d'établir la responsabilité de chacun et qu'en tous cas, en vertu du même réquisitoire et de la même ordonnance ledit Détraz a été renvoyé devant le Tribunal correctionnel pour y répondre solidairement avec CORPORON d'infractions frauduleuses à la législation sur la taxe de séjour.

Attendu d'ailleurs que CORPORON est pris en flagrant délit d'inexactitude en ce qui concerne une somme de 2.258 francs, provenant de la maison Jay et Jallifier qu'il affirme faussement avoir versée au compte spécial.

Attendu, en effet, qu'il est constant et reconnu exact par les experts que la maison Jay et Jallifier de Grenoble ayant fait traite sur la Société CORPORON pour une somme de 32.250 francs contestée, les tireurs envoyèrent à CORPORON, pour éviter un retour du chèque de 2.258 francs, montant de la contestation ; que ce chèque a été encaissé par CORPORON personnellement, mais que cet encaissement n'a pas été mentionné sur la comptabilité de l'Hôtel et que la somme reçue n'a pas été versée à la caisse sociale.

Attendu que CORPORON a déclaré l'avoir versée au compte spécial, mais que son affirmation sur ce point est démontrée fausse par tous les éléments de la cause et notamment par les circonstances ci-après : 1° qu'un arrangement étant intervenu postérieurement entre la Société CORPORON et Cie et la Maison Jay et Jallifier ramenant de 2.258 francs à 1.078 fr. 75 le solde de la créance de celle-ci, la maison Jay et Jallifier a été payée de ce solde le 16 novembre 1925 (date à laquelle CORPORON avait quitté l'Hôtel depuis 6 mois) par une personne, a-t-elle déclaré aux experts qui lui a paru être envoyée par CORPORON (deuxième rapport des experts, p. 11. Pièce annexe 6).

2° Que CORPORON a reconnu lui-même, au cours de son interrogatoire du 10 novembre 1928, avoir remboursé sur ses deniers personnels à la maison JAy et Jallifier cette somme de 1.078 fr. 75, augmentée de frais de protêts, soit 145 fr. 50. Qu'à vrai dire, il fixe au début de juin 1925 la date de ce remboursement, date contredite par la déclaration de la maison Jay et Jallifier et par la lettre de celle-ci du 15 juillet 1925. Mais qu'en prenant son aveu dans les termes où il a été fait, il en résulte clairement :

a) Que la somme de 2.258 francs n'a pas été versée au prétendu compte spécial, sans quoi on ne comprendrait pas que celle de 1.078 fr. 75 plus 145 fr. de frais de protêts n'ait pas été remboursée par le débit de ce compte au lieu d'être prise en charge par CORPORON sur ses deniers personnels.

b) Que conformément à l'opinion des experts (deuxième rapport des experts, p. 11) l'intervention dans cette affaire de CORPORON qui, après la dissolution de la Société prend à sa charge exclusive une dette incombant à la Société s'explique par ce fait que, sachant que la maison Jay et Jallifier assignait la Société CORPORON en paiement de la somme de 1.078 fr. 75, il a voulu éviter un procès qui l'eût contraint à s'expliquer sur le fait que le chèque de 2.258 francs avait été encaissé par lui sans que mention de cet encaissement eut été porté sur la comptabilité sociale, préocupation qu'il n'aurait pas eue si cette écriture avait été passée sur un livre quelconque.

Attendu qu'ainsi il est établi une fois de plus qu'une opération soi disant passée par le prétendu compte spécial est restée étrangère à ce compte, ce qui renforce la démonstration faite par le concluant tant au cours de l'information que ci-dessus, que ce prétendu compte n'a jamais existé et que l'allégation de son existence n'a d'autre but que de permettre à CORPORON de se dispenser de rendre compte des sommes encaissées par lui pour le compte de la Société et non versées à la Caisse sociale.

Attendu que le jugement déféré aurait dû constater l'absence de justifications quant à l'emploi des sommes énumérées au début de ce paragraphe et faire droit à la demande de JOSEPH, fondée sur l'article 1993 du Code Civil, au lieu de l'écarter sous le prétexte que les experts n'auraient pu établir le détournement.

XIII

SUR 1.983 fr. 35 DE COUPONS DE RENTES FRANÇAISE
ENCAISSEES PAR CORPORON

Deuxième rapport des Experts Bagneux, Nivière et Boudillon p. 11

Attendu qu'en 1924, la Société CORPORON a acheté un capital d'environ
23.000 francs de rentes françaises, titres déposés par la suite en banque, en
garantie de découverts consentis à la dite Société.

Attendu qu'il est constant et qu'il a été établi par les experts de l'information (deuxième rapport des experts, p. 73, 12) que les coupons de ces titres
furent détachés et encaissés jusqu'à l'époque de leur vente, soit en janvier 1924
et ne figuraient pas en recettes sur les livres sociaux.

Attendu qu'interrogé par le comptable Frazer qui lui demandait des renseignements sur ce sujet, CORPORON lui répondait, suivant lettre du 17 mars
1927 : « les coupons dont vous me parlez ont donc été encaissés par la
« banque, pour amortir l'intérêt de l'argent avancé ».

Attendu que cette déclaration a été reconnu mensongère ; que les experts
ont estimé toutefois que le détournement des dits coupons n'était pas établi
estimant (page 12 de leur deuxième rapport) « que si on tenait CORPORON
« pour responsable du montant des rentes, il convenait d'en débiter son compte
« personnel ».

Attendu que JOSEPH n'ayant pas demandé autre chose au Tribunal de
Commerce que de débiter CORPORON du montant des dits coupons (1983 fr.
35) il est inadmissible que les premiers juges aient omis purement et simplement de statuer sur sa prétention.

XIV

SUR UNE SOMME DE 18.000 Fr. INDUMENT PAYEE AU NOM DE LA SOCIETE
PAR DETRAZ A CORPORON PENDANT LA LIQUIDATION

Deuxième rapport des Experts Bagneux, Nivière et Boudillon p. 18

Attendu que le 1er septembre 1925, DETRAZ a payé à CORPORON une
somme de 18.000 francs qui ne lui était dûe à aucun titre ; que les liquidateurs ont menacé DETRAZ de le tenir pour responsable de ce paiement s'il
ne réussissait pas comme d'ailleurs il n'a pas réussi à en obtenir le remboursement de CORPORON.

Attendu que cette somme avait été payée à CORPORON au titre de salaires dûs à lui-même et à Mme Ardin, sa mère ; qu'en effet, le reçu de la dite somme écrit et signé de sa main (pièce versée par JOSEPH au dossier de l'information) était ainsi libellé : « Reçu de l'Hôtel Bernascon la somme « de frcs 18.000, montant des appointements de Mme Ardin, années 1924 « et 1925 — janvier au 15 juin, à raison de 600 francs par mois, ainsi que « M. CORPORON 5 mois à 1.500 francs, Aix-les-Bains le 1er septembre 1925. « Signé CORPORON ». (Ventilation faite, ce reçu comportait donc une somme de 7.500 francs de salaires pour CORPORON et de 10.500 francs pour sa mère, au total 18.000 francs).

Mais attendu qu'à la date du 1er septembre aucun salaire n'était dû à CORPORON ; que celui-ci l'a formellement reconnu devant les experts ; qu'en effet ceux-ci précisent, p. 16, de leur deuxième rapport qu'interrogé par eux « CORPORON répond, en précisant, qu'il a demandé à Détraz 18.000 francs, « dont 10.000 francs en remboursement d'une avance de même somme, « qu'il aurait faite à la caisse au début de la saison 1925 et frcs 8.000, montant « des appointements dûs à sa mère et à des membres de sa famille ».

Attendu qu'ainsi CORPORON a formellement reconnu que la cause du paiement mentionnée au reçu sus-visé était fausse et qu'il n'était pas personnellement créancier de salaires au 1er septembre 1925 ; que d'ailleurs les experts ont naturellement constaté que la prétendue avance de 10.000 francs, que CORPORON, disait avoir faite à la Société n'avait pas été portée en comptes. Qu'en conséquence, ils ont écarté cette explication comme non justifiée et se sont simplement attachés à rechercher si la situation au 1er septembre 1925 du compte personnel de CORPORON lui permettait de faire un prélèvement de 10.000 francs sur l'actif social, question à laquelle ils ont répondu affirmativement.

Attendu, en ce qui concerne Mme Ardin, qu'elle n'a jamais effectuée un travail salarié quelconque à l'Hôtel, que s'il en était autrement d'ailleurs, on ne comprendrait pas qu'elle fut restée un an et demi sans faire régler les comptes de ses salaires, au lieu de les toucher mensuellement.

Attendu que JOSEPH était donc bien fondé à demander que CORPORON fut débité dans la liquidation de ce singulier prélèvement effectué sous les apparences fausses et mensongères de paiement de salaires ; que cependant le Tribunal écarte sa prétention par le motif : « que les experts n'estiment pas « vraisemblable que les liquidateurs aient pu régler une somme de cette impor- « tance à CORPORON qui, à cette époque, avait quitté définitivement l'Hôtel « si elle n'était pas effectivement dûe ».

Mais attendu tout d'abord que comme il a été dit ci-dessus les liquidateurs ont protesté énergiquement auprès de DETRAZ contre ce paiement.

Attendu en second lieu que le rapport des experts dit exactement le contraire de ce que lui fait dire le Tribunal au moins en ce qui concerne 10.000 francs sur 18.000 francs, somme qu'ils admettent, adoptant l'hypothèse la plus favorable à CORPORON, avoir été prélevée par celui-ci à valoir sur sa part dans l'actif social.

Attendu que de plus fort, ce motif du jugement est en contradiction on ne peut plus nette avec les déclarations mêmes de CORPORON recueillies au cours de son interrogatoire du 20 octobre 1928. Qu'il a, en effet, ce jour-là, déclaré textuellement à M. le Juge d'Instruction « cette somme de 18.000 francs « ne comprenait que mes appointements et ceux de ma mère : 8.000 francs « seulement, représentaient, au 15 juin 1925, le reliquat des appointements qui « nous étaient dûs, le complément de 10.000 francs NE CONSTITUANT « QU'UNE AVANCE SUR MA CREANCE SUR LA SOCIÉTÉ ».

Attendu, en ce qui concerne les prétendus salaires dûs à Mme Ardin, mère de CORPORON, que la cause du paiement énoncée au reçu est encore démontrée fausse par la déclaration même de CORPORON, puisque d'après le reçu CORPORON se serait fait payer pour sa mère 10.500 francs, à titre de salaires et que, d'après les déclarations, du même CORPORON, recueillies par les experts, 8.000 francs seulement représenteraient des salaires dûs non seulement à sa mère, mais encore à des membres de sa famille ; qu'il dira d'aileurs postérieurement dans son interrogatoire du 20 octobre 1928 que cette somme de 8.000 francs, représentait non seulement des appointements dûs à sa mère, mais encore à lui-même ; qu'il serait oiseux d'insister sur ces contradictions successives.

Attendu qu'ainsi contrairement à l'opinion des premiers juges, CORPORON doit être déclaré tenu de restituer à la masse la somme de 18.000 francs, portée au reçu du 1er septembre 1925, la cause du paiement mentionnée audit reçu étant démontrée fausse pour la totalité tant par son aveu à l'information que par ses contradictions successives.

XV

DEPENSES NON JUSTIFIEES D'AMELIORATIONS, DE RECONSTRUCTIONS ET DE REPARATIONS

Deuxième rapport des Experts Bagneux, Nivière et Boudillon p. 20

Attendu que les experts ont constaté qu'un paiement de 3.536 fr. 15 a été effectué, sans justifications, à l'entrepreneur Maisonny ; qu'en ce qui concerne le paiement de 5.690 francs à Evrard, les factures fournies aux experts par cet entrepreneur pour des travaux censément effectués en 1920 et 1921 sont singulièrement suspectes, puisque le même Evrard écrivait, le 23 mars 1926, à Me Géranton, liquidateur : « en réponse à votre lettre du 16, j'ai l'honneur de « vous dire qu'à part une facture de 35 fr. 05, de juillet 1921, pour réparation « de travaux exécutés et fournitures en 1920, je n'ai jamais travaillé pour « CORPORON (N° 172 des pièces jointes à la plainte) ».

Que par ailleurs les entrepreneurs Négro et Uberti auraient, d'après la comptabilité, reçu 6.260 francs de plus qu'il n'est porté sur leur facture et que les petits travaux pour lesquels ils déclarent n'avoir pas établi de facture ne peuvent se monter à une some aussi importante. Que les experts eux-mêmes se sont étonnés que cette somme de 6.260 francs n'ait pas fait l'objet d'une facture (deuxième rapport d'experts, p. 27). — Qu'enfin, la maison Pearl and Ranshow aurait reçu, d'après la comptabilité, 11.000 francs de plus qu'il ne lui était dû.

Attendu que ces paiements portés en comptabilité sans pièces justificatives ont été évidemment fictifs et simulés et que CORPORON en doit compte à la liquidation.

Attendu que ces faits sont évidemment intéressant à retenir pour l'évaluation du fonds de commerce puisque les experts Benedetti, Maës et Rassiat ont évalué les améliorations d'après les dépenses portées en comptabilité. Et qu, dans la mesure où ces dépenses constituent des paiements fictifs, on doit admettre que leurs calculs sont inexacts.

XVI

SUR LA DISPARITION D'UNE PARTIE DU MOBILIER

Deuxième rapport des Experts Bagneux, Nivière et Boudillon p. 33

Attendu qu'il est constant et établi par les experts queCORPORON, ainsi qu'il le reconnaît lui-même a vendu 3 lustres, faisant partie du mobilier de l'Hôtel à MM. Leydernier et Crollard pour le prix de 3.000 francs ; que les experts ont reconnu que le prix de cette vente ne figurait pas sur la comptabilité et n'était pas entré dans la caisse sociale ; qu'à la vérité, CORPORON a tenté d'expliquer que le paiement aurait été effectué par les acquéreurs au moyen d'un chèque qu'il aurait fait inscrire au compte de la Société au Crédit Lyonnais. Mais que les experts ont reconnu que le fait était inexact. (P. 35 de leur second rapport).

Attendu encore que deux tables et un buffet ont été vendus à un sieur Cavier pour le prix de 1.300 francs, non porté en comptabilité.

Attendu que CORPORON doit être déclaré tenu de restituer ces deux sommes à la masse, encore que Cavier ait déclaré avoir payé la seconde à Détraz, employé de l'Hôtel, puisque le fait s'est passé alors que CORPORON était gérant de la Société.

Attendu qu'il importe à ce sujet de rappeler que des tableaux appartenant soit à JOSEPH personnellement, soit à la Société ont été découverts par JOSEPH chez un médecin d'Aix-les-Bains qui les a restitués sur sommation de M° Bosonnet, huissier ; que CORPORON invité à s'expliquer sur ce fait, au cours de l'information, n'a pu fournir que l'invraisemblable explication suivante : « je les avais donnés à ce médecin en rémunération des soins gratuits au personnel de l'Hôtel ».

Attendu que quantité d'autres objets mobiliers ont disparu parmi ceux vendus par BERNASCON le 15 mai 1920. Que JOSEPH n'a pu retrouver leur trace, mais que cet ensemble de faits contribue à rendre plus grave encore l'erreur des experts Benedetti, Maës et Rassiat qui, au lieu d'évaluer le mobilier inventorié par les liquidateurs ont fait porter leur expertise sur celui qui avait été acheté de Bernascon en 1920 et celui qui a été acheté par la suite en réintégrant fictivement dans l'actif tous les meubles disparus.

XVII

SUR L'OBLIGATION A LA CHARGE DE CORPORON
DE RESTITUER UN PRET DE 50.000 Fr. CONSENTI PAR JOSEPH
A LA SOCIETE. SOMME QU'IL S'EST APPROPRIEE

Deuxième rapport des Experts Bagneux, Nivière et Boudillon p. 29

Attendu qu'il est constant et établi que le 12 mai 1924, JOSEPH adressait à CORPORON en un chèque sur The Equitable Cie of New-York une somme de 50.000 francs, à titre de prêt consenti par lui à la caisse sociale, pour permettre à celle-ci de payer un semestre de loyer dû à M. BERNASCON, propriétaire de l'immeuble. Que cette somme devait être versée à son destinataire courant juin suivant (voir pièces documentaires n° 190 à 192, lettres de JOSEPH du 12 mai 1924 et de CORPORON du 14 mai 1924).

Attendu que ce prêt était donc consenti non à CORPORON personnellement, mais à la Société ; que cependant il résulte du rapport des experts de l'information que CORPORON s'est approprié cette somme par une série de manœuvres dont les experts énumèrent les phases successives et qui sont les suivantes :

1° Versement du montant du prêt de 50.000 francs non au Comptoir d'Escompte de Paris où la Société avait son compte, mais au Crédit d'un compte que CORPORON se fait ouvrir personnellement dans une banque locale, le Comptoir d'Escompte d'Aix-les-Bains.

2° Utilisation de cette somme pour le paiement de dettes sociales, pour faire croire qu'il l'affectait aux besoins de la Société.

3° Remboursement de ces paiements, dont il s'est fait créditer dans la comptabilité sociale.

4° Remboursement du montant du prêt de JOSEPH sur la caisse sociale et A L'AIDE DE DENIERS SOCIAUX (par chèque figurant à l'extrait du compte de la Société au Comptoir National d'Escompte de Paris et non du Comptoir d'Escompte d'Aix-les-Bains au 21 juillet 1924).

Attendu que les experts concluent, p. 32 de leur deuxième rapport : « il
« est évident que CORPORON aurait dû rembourser JOSEPH non pas sur la
« Caisse sociale, mais de ses deniers personnels comme il a d'ailleurs rem-
« boursé Nessi autre prêteur dont le versement, comme celui de JOSEPH,
« était entré sans écritures à la comptabilité à son compte personnel en
« banque ».

Qu'ils concluent encore, p. 39 : « en faisant effectuer ce remboursement sur
« les fonds de la Société, CORPORON s'est définitivement approprié la somme
« de 50.000 francs ».

Attendu que, contrairement à l'avis formel des experts de l'information,
le jugement déféré a apprécié qu'il était puéril (*sic*) de parler de détournements sous le prétexte que CORPORON allègue avoir fait débiter de pareille
somme à son compte personnel à la Société le 6 septembre 1925, soit plus
d'un an après le remboursement effectué à JOSEPH ; que les premiers juges,
prenant au sérieux cette allégation, ont ordonné qu'elle fut vérifiée.

Mais attendu que si ce débit avait été passé en comptabilité, CORPORON
eut signalé évidemment le fait aux experts Bagneux, Nivière et Boudillon qui
n'eussent pas manqué dele constater ; que pareillement, il n'en a pas soufflé
mot à M. le Juge d'Instruction (voir notamment procès-verbal de confrontation
du 3 novembre 1928).

Attendu que JOSEPH est en mesure d'affirmer, vérifications faites, que le
compte de CORPORON n'est pas débité de 50.000 francs à la date indiquée
du 6 septembre 1925. Qu'au surplus, on se demande comment CORPORON
aurait pu passer cette écriture, puisqu'à cette date il n'était pas à l'Hôtel,
l'ayant quitté le 14 mai 1925.

Attendu qu'à la vérité à la date du 6 septembre 1924, date que peut être
a voulu viser le jugement déféré, il existe un débit de 50.000 francs au compte
de CORPORON. Mais que ce débit n'a nullement comme contre partie la
somme de 50.000 francs, provenant du prêt JOSEPH encaissé par CORPO-
RON, mais le chèque n° 00152, tiré par CORPORON sur le compte de la
Société au Comptoir d'Escompte de Paris le 6 septembre 1924.

Attendu qu'ainsi CORPORON est pris une fois de plus en flagrant délit
d'inexactitude volontaire. Qu'il a manifestement cherché à induire le Tribunal en erreur et à obtenir de lui une décision le dispensant de se débiter de
la somme de 50.000 francs, dont s'agit, en lui faisant croire à tort qu'il en était
déjà débité.

Attendu que, dès lors, JOSEPH est fondé à demander que CORPORON
soit, d'ores et déjà, déclaré débiteur dans la liquidation de la somme de 50.000
francs avec intérêts de droit dès le 12 mai 1924.

XVIII

SUR LA DISPARITION DE LA COMPTABILITE

Premier rapport des Experts Bagneux, Nivière et Boudillon

Attendu que le fait matériel de la disparition de la majeure partie des livres de la comptabilité est constant et reconnu par les experts.

Attendu que CORPORON, gérant de la Société en nom collectif CORPO-RON et Cie, était dépositaire de la comptabilité sociale, qu'il avait d'ailleurs le mandat de tenir et de conserver ; qu'étant, par ailleurs, obligé de rendre compte de sa gestion, il était par là même obligé de produire à réquisition de son associé tous les éléments de la dite comptabilité, lesquels constituent autant d'écrits contenant ou opérant obligations ou décharge au sens de l'article 408, Code Pénal.

Attendu que CORPORON a tenté de démontrer que la disparition des livres manquants ne lui était pas imputable par une série d'explications invrai-semblables qui varient, selon qu'elles s'appliquent à la comptablité afférente aux année 1920-21 et 22 ou à la comptabilité afférente aux années 1923-24.

Attendu, en ce qui concerne celle relative aux années 20-21-22, que CORPORON a prétendu queles livres avaient été emportés à Paris par le comptable Taylor et que celui-ci ne les aurait jamais restitués.

Attendu qu'il y aurait lieu de s'étonner tout d'abord que CORPORON, dépositaire de cette comptabilité n'en eut pas lui-même réclamé la restitution ; qu'ensuite et surtout, Taylor entendu comme témoin a nettement démenti CORPORON. Qu'il résulte, en effet, de la déposition dudit Taylor recueillie par commission rogatoire que, contrairement aux dires de CORPORON, ce comptable, s'il a emporté à Paris une partie des pièces comptables (après avoir puisé sur place à l'Hôtel les éléments nécessaires à l'établissement du bilan) a renvoyé à l'Hôtel tous les documents qu'il avait en sa possession (premier rapport des experts de l'information, p. 7 et 8).

Attendu que c'est à tort encore que CORPORON a invoqué le témoignage de Frazer, inspecteur de la Maison Allan Charles Worth, à laquelle appartenait Taylor, qui aurait constaté la présence à l'Hôtel des documents dont s'agit ci-dessus après le 14 mai 1925, soit après le départ de CORPORON de l'Hôtel et pendant son séjour à Paris ; que dans sa lettre du 24 juillet 1925, Taylor se borne à dire à Géranton : « Vous êtes dans la vérité quand vous dites que « M. Frazer a vu le journal et le grand livre relatif aux années 1920-21-22-23, « quand il était la semaine dernière à Aix-les-Bains. Ils étaient alors entre les « mains de Glais, qui procédait à leur examen pour le compte de M. Eli « JOSEPH ». Que ce fait, d'ailleurs exact, est sans intérêt, le Journal et le Grand Livre, relatifs aux années ci-dessus, ne figurant pas au nombre des pièces comptables disparues. (Premier rapport des experts de l'information, p. 9 et 10).

Attendu que CORPORON a encore prétendu que GERANTON aurait obtenu de Frazer l'affirmation que tous les documents comptables manquants se trouvaient à l'Hôtel après le départ de CORPORON et pendant son séjour à Paris soit après le 14 mai 1925. Mais que GERANTON a déclaré avoir aucun souvenir que Frazer lui ait tenu un semblable propos (premier rapport des experts de l'information, p. 8).

Attendu que pour la comptabilité afférente aux années 23 et 1924, COR-PORON prétend que c'est un comptable anglais qui a tenu les livres et conservé les documents, factures, etc. Mais, qu'à la fin de chaque saison, ce comptable remettait toute la comptabilité à CORPORON ; qu'il n'avait d'ailleurs aucune raison de la conserver par devers lui en tout et en partie.

Attendu que, pour l'année 1925, les pièces réclamées se réfèrent non pas à la gestion de la liquidation, mais à la gestion de CORPORON lui-même, qui a duré jusqu'au 8 juin 1925, date de la dissolution de la Société ; que si bien, en effet, CORPORON a quitté l'Hôtel le 14 mai, la gestion dès son départ en a été assumée, en fait, par sa femme, aidée par le caissier Détraz, ami intime de CORPORON, que JOSEPH n'y a participé en rien et ne séjournait à l'Hôtel qu'au titre de client.

Attendu qu'à partir du 8 juin 1925, si JOSEPH a fait vérifier la comptabilité par un comptable, M. Glais, celui-ci, n'a pu obtenir des liquidateurs, dépositaires de la comptabilité, communication d'un livre quelconque que contre un reçu signé de sa main.

Attendu, en résumé, que la disparition des documents comptables manquants ne peut être imputée ni à Taylor pour ce qui concerne les années 20-21 et 22 ni au comptable de la maison Allan Charles Worth pour les années 1924-25, ni aux liquidateurs pour l'année 1925 et pour les années précédentes, et encore moins à JOSEPH qui a constaté leur absence des archives de l'Hôtel le 8 juillet 1925, parce que cette absence lui est signalée par Glais, son comptable, et qu'il les fait réclamer à CORPORON par celui-ci (lettre du 8 juillet 1925).

Attendu, par contre, que CORPORON avait seul intérêt à les faire disparaître, dans le but de masquer les graves irrégularités dont il s'est rendu coupable, dans l'exercice de son mandat, but d'ailleurs atteint en partie, puisque sur de nombreux chefs de la plainte, les experts ont hésité à revêtir d'une qualification pénale les faits par eux constatés faute de pouvoir faire porter leurs investigations sur les éléments de comptabilité qui n'ont pas été retrouvés.

Attendu d'ailleurs, que CORPORON a fourni lui-même la preuve qu'il détenait indûment des documents appartenant aux archives sociales. Qu'il déclare, en effet, aux experts : « je viens de retrouver une lettre de M. Tayor « du 14 novembre 1926, voir bordereau ci-joint n" 4 » (premier rapport des experts de l'information, p. 20). Que plus tard, il déposera entre les mains

du juge d'instruction diverses pièces de nature, selon lui, à justifier l'existence
du compte spécial prétendu dont il a été parlé ci-dessus. Que si ces pièces
n'ont pas la portée queleur attribue CORPORON, elles prouvent, comme d'ailleurs la lettre de Taylor, que CORPORON détient sans titre un certain nombre
de documents sociaux, dont il extrait pour les produire, ceux-là seulement
qu'il croit utiles à sa défense.

Attendu que les experts déclarent bien que l'examen par eux de ces faits,
relatifs à la disparition de la comptabilité a été strictement limité à la détermination de leur caractère délictueux (p. 12 de leur premier rapport). Que, p. 10, ils
déclarent encore ne les considérer que du seul point de vue pénal. Qu'ils
ont conclu qu'à ce point de vue, le détournement par CORPORON des livres
comptables ne leur paraissait pas suffisamment établi.

Attendu que le jugement déféré s'empare de cette conclusion commettant
encore l'erreur de se placer sur le terrain de l'article 408 du Code Pénal, qu'il
se borne à retenir que CORPORON ayant quitté l'hôtel le 14 mai 1925, il n'y
a pas possibilité de lui imputer une disparition constatée le 8 juillet suivant.

Mais attendu que l'obligation à la charge de CORPORON de restituer la
comptablité dont il était dépositaire en sa qualité de gérant découle tant du
contrat de mandat que du contrat de dépôt. Que les experts estiment, p. 11 de
leur rapport, que « si CORPORON a été remplacé par JOSEPH dans la
« gestion de l'Hôtel, du 15 mai au 14 juin 1925, date à laquelle la direction a
« été confiée à Détraz, sous l'autorité des liquidateurs, il aurait dû, pour sa
« sauvegarde personnelle remettre régulièrement à son successeur les archives
« de la Société ». Qu'en un mot, ils estiment que sa responsabilité civile est
« engagée du fait même qu'il ne s'était pas fait donner décharge.

Attendu que c'est bien par négligence calculée que CORPORON a omis
de remettre régulièrement les archives de la Société contre décharge à ses
sucesseurs dans la gestion de l'Hôtel (c'est-à-dire non à JOSEPH qui ne lui
a, à aucun moment, succédé dans ses fonctions, mais aux liquidateurs) parce
que cette formalité eut fatalement révélé la disparition des livres essentiels
qu'il avait intérêt à ne pas laisser consulter.

Attendu qu'il importe de rappeler ici que déjà l'expert Boudillon et le
réquisitoire de M. le Procureur de la République du 14 avril 1928 ont imputé
à CORPORON, entre autres, la destruction systématique et intentionnelle des
pièces comptables relatives à la taxe de séjour et ce dans le but d'empêcher
toute vérification.

Attendu qu'évidemment, seul, CORPORON avait intérêt à la disparition
des livres de la Société et que faute par lui de s'en être fait décharger régulièrement, il doit être tenu pour responsable des livres manquants, à peine de
dommages et intérêts.

XIX

SUR LA CONDAMNATION A 100.000 Fr. DE DOMMAGES ET INTERETS
PRONONCEE PAR LE JUGEMENT DEFERE CONTRE JOSEPH

Attendu que les premiers juges ne se contentent pas de considérer que les faits discutés ci-dessus sont dépourvus de toute fraude et exclusifs pour la presque totalité de l'obligation à la charge de CORPORON d'effectuer une restitution quelconque ; mais que, par la plus surprenante des décisions, ils ont apprécié que JOSEPH devait des dommages et intérêts à CORPORON, pour avoir eu l'audace de s'en étonner et en avoir fait l'objet de plaintes entre les mains de M. le Procureur de la République.

Attendu qu'une telle condamnation ne saurait être maintenue pour les motifs péremptoires de fait et de droit ci-après :

Attendu que la condamnation à 100.000 francs de dommages et intérêts prononcée par les premiers juges trouverait, à leur dire, sa justification, tant dans la lésion dont serait entachée l'adjudication du 6 janvier 1926 et qu'ils déclarent être accompagnée de mauvaise foi que dans : « le résultat négatif « tant au point de vue finncier qu'au point de vue pénal des innombrables plain- « tes déposées par JOSEPH ».

Attendu que, dans la mesure où elle est présentée comme la conséquence de la lésion, cette condamnation est contraire au droit : qu'il a été démontré ci-dessus que la seule sanction de la lésion est la rescision, sans que celle-ci puisse être assortie d'une condamnation à des dommages et intérêts ou à titre de dommages et intérêts.

Attendu que dans la mesure où elle est présentée comme destinée à indemniser CORPORON du préjudice que lui aurait causé JOSEPH par le dépôt de ses plaintes, que le Tribunal est incontestablement sorti des limites de sa compétence en la prononçant ; qu'il est constant en effet, que la juridiction commerciale est incompétente « ratione materiæ » pour apprécier si le dépôt d'une plainte est abusif et s'il constitue ou le délit prévu et muni par l'article 373, Code Pénal ou un quasi délit au sens de l'article 1382, Code Civil.

Attendu subsidiairement an fond qu'une telle condamnation est contraire à tous les principes admis en doctrine et en jurisprudence, suivant lesquels le fait du dépôt d'une plainte suivie de non-lieu ne donne pas lieu à dommages et intérêts.

Or, attendu que la discussion qui précède fait apparaître avec une lumineuse clarté que JOSEPH, non seulement, a sans mauvaise foi, mais encore sans légèreté ni imprudence dénoncé un ensemble de faits qui présentaient toutes les apparences de l'abus de confiance ; qu'il n'y a ni mauvaise foi, ni légèreté, ni imprudence à ne pas admettre comme vérité démontrée les explications successives et contradictoires de CORPORON en ce qui concerne les opérations avec les banques, à ne pas croire qu'il a réalisé des acquisitions de terrains en utilisant des intermédiaires à qui il aurait payé des commissions égales au 125 % du prx de ces terrains. A contester qu'il ne lui était dû aucun salaire lorsqu'il se fait payer 18.000 francs à ce titre par la Caisse de l'Hôtel alors qu'il est amené lui-même par la suite à invoquer une autre cause pour tenter de justifier ce paiement. A ne pas ajouter foi à son affirmation qu'il a versé quantité de sommes encaissées pour le compte de la Société à un singulier compte spécial dont le registre aurait mystérieusement disparu, etc..., etc...

Attendu d'ailleurs que les experts ont admis l'existence du détournement en ce qui concerne le prix de l'automobile vendue au docteur Pégaz et en ce qui concerne l'appropriation par CORPORON de la somme de 50.000 francs avancée à titre de prêt par JOSEPH ; qu'il n'y a évidemment ni mauvaise foi, ni légèreté, ni imprudence à formuler une opinion qui se trouve avoir été partagée par la suite par des experts commis par justice.

Attendu enfin que l'arrêté de la Chambre des Mises en accusation de la Cour du 31 janvier 1929 retient pour justifier le non-lieu : « qu'il semble bien « que même pour ces deux faits, l'intention frauduleuse ne soit pas établie « d'une façon suffisante ». Qu'il en existait donc u ncommencement de preuve ce qui suffit à exclure de ce chef toute condamnation à ces dommages et intérêts à la charge de JOSEPH.

XX

DEMANDE DE JOSEPH TENDANT A L'ALLOCATION A SON PROFIT DE DOMMAGES ET INTERETS

Attendu qu'à raison des agissements frauduleux dénoncés ci-dessus, de la disparition de la comptabilité dont CORPORON doit être tenu pour responsable, en un mot, d'un ensemble de faits qui apparaissent, selon les termes de l'arrêt précité du 31 janvier 1929 comme la preuve manifeste d'une gestion désordonnée de CORPORON, des dommages intérêts sont dû à JOSEPH, dont le montant ne saurait être fixé à moins d'un million. Que c'est à tort que les premiers juges ont repoussé cette demande.

PAR CES MOTIFS,

PLAISE A LA COUR,

Sans s'arrêter à toutes fins ni conclusions contraires, si ce n'est pour les rejeter ;

Dire nul de nullité absolue par application de l'article 7 de la loi du 20 avril 1810, le jugement dont est appel les deux juges qui y ont pris part comme assesseurs, MM. Porraz, juge, et Reynaud, juge suppléant, n'ayant pas assisté aux audiences de plaidoiries.

En conséquence, renvoyer les parties à se pourvoir devant le Tribunal de Commerce de Chambéry, composé d'autres juges

Subsidiairement, et au cas où la Cour croirait devoir évoquer le fond ou se déclarerait saisie de la cause par l'effet dévolutif de l'appel,

Rectifiant au besoin une erreur matérielle commise par les premiers juges et retenant, en fait, que JOSEPH a payé en sus du prix de 2.510.000 francs, fixé par l'adjudication, le montant des marchandises en cave, soit la somme 443.090 fr. 40,

Dire et déclarer qu'à teneur du jugement du 27 juillet 1927, qui a acquis l'autorité de la chose jugée, l'objet du procès et celui de l'expertise est la détermination de la valeur EXACTE des biens compris dans l'adjudication, Durand des Aulnois, notaire, à Paris, du 6 janvier 1926 ;

Rejeter en conséquence l'évaluation à 6.500.000 francs qu'en ont faite les premiers juges, ce chiffre exprimant de leur propre aveu la valeur que leur aurait attribuée, non un acquéreur prudent et avisé qui en aurait recherché la valeur exacte, mais celui qui se serait fait sur l'affaire les plus belles illusions ;

Sur l'expertise Bénedetti, Rassiat et Maës

Dire et déclarer qu'à peine de nullité de leurs opérations, les experts ne peuvent porter leurs recherches sur des points étrangers à leur mission telle qu'elle est circonscrite par le jugement qui les commet.

1° Dire que le seul objet de l'expertise était l'évaluation exacte des biens immobiliers et mobiliers compris dans l'adjudication du 6 janvier 1926 ;

Dire que les seuls meubles mis en vente étaient ceux énumérés dans l'inventaire dressé par les liquidateurs Guitteau et Géranton, en vue de l'adjudication et annexé au cahier des charges de la dite adjudication ;

En conséquence, dire nulle et sans valeur probante l'expertise Benedetti, Rassiat et Maës en ce qu'elle a évalué non les meubles dénombrés et décrits sur ledit inventaire, mais les meubles qui auraient dû exister d'après l'inventaire annexé à l'acte de vente Grummel, notaire, du 15 mai 1920 (vente par Bernascon à CORPORON et POSSENTI), et les achats successifs figurant sur la comptabilité, réintégrant fictivement dans l'actif ceux qui avaient disparu.

2° Retenant que les experts de la majorité (page 73 de leur rapport) déclarent : « nous ne pouvons oublier que nous nous trouvons en l'espèce en « présence non d'une adjudication pure et simple, mais d'une licitation, soit « d'un acte équivalent à partage, avec toutes les conséquences qui en décou- « lent, à ce titre, bien des éléments d'appréciation entrent en jeu pour « modifier ceux d'un étranger enchérisseur ».

Retenant qu'ainsi les experts reconnaissent avoir évaluer les biens vendus le 6 janvier 1926, valeur de convenance personnelle pour JOSEPH,

Dire nulle leur expertise, parce que, ce faisant, ils ont méconnu l'objet de leur mission qui était l'évaluation de la valeur exacte du fonds, c'est-à-dire de sa valeur en soi, soit de celle que lui aurait attribué tout étranger enchéris- seur, l'adjudication admettant le concours des tiers, et le seul point de vue auquel les experts auraient dû se placer, étant celui d'un acquéreur éventuel à l'adju dication.

3° Dire encore nulle et sans valeur leur expertise, parce qu'ils ont consi- déré comme en dehors de leur mission et ont refusé d'examiner, d'évaluer et d'apprécier la nécessité des travaux d'amélioration, au montant de plus de 2.000.000, effectués par JOSEPH depuis sa prise de possession, soit depuis le 6 janvier 1926, pour maintenir l'hôtel à son rang de palace, et c'est, en disant que la nécessité de travaux d'une telle importance était de nature à influencer l'opinion, qu'un tiers acquéreur se serait faite de la chose mise en vente, et qu'en l'ignorant les experts ont méconnu l'objet de l'adjudication.

4° Dire nulle la dite expertise en tant qu'elle porte sur les vins, les experts ayant cru pouvoir évaluer le grand stock de différentes qualités de vins exis- tant en caves sans tenir compte de leur état de conservation en janvier 1926, et sans les déguster et ayant fixé leur valeur à un chiffre déterminé en vu des tarifs de marchands de vins, c'est-à-dire, ne pouvant exprimer qu'une valeur théorique et de simple présomption.

5° La dire nulle encore et sans valeur probante parce qu'elle ne tient pas compte de ce que le nom commercial d'hôtel BERNASCON n'est pas cédé en pleine propriété, en faisant application des coefficients de M. Retail qui supposent le nom cédé en toute propriété.

6° La dire nulle également, parce qu'au lieu d'évaluer réellement l'hôtel et son contenu, les experts ont fait une évaluation d'après les prix d'achat portés en comptabilité et qu'ils ont évalué les installations de mobilier et matériel sans tenir compte de leur état actuel de conservation et de leur utilité en rap- port avec l'exploitation de l'hôtel au 6 janvier 1926, seul point de vue auquel se serait placé un acquéreur éventuel à l'adjudication.

7° La dire nule et sans valeur probante, parce que, après avoir tenu compte d'améliorations apportées à l'immeuble pour l'évaluation des éléments incor- porels, les experts ajoutent le montant des dites améliorations aux éléments incorporels les utilisant ainsi en double emploi ;

8° La dire nulle, enfin parce que les experts n'ont pas procédé à la détermination de la valeur exacte du fonds par comparaison, ainsi que le leur prescrivait le jugement du 29 juillet 1927.

Dire en conséquence que CORPORON ne rapporte pas la preuve que la vente du 6 janvier 1926 soit entachée de lésion.

Dire qu'il résulte de tous les éléments de la cause et notamment du contre rapport de M. Retail, du 3 octobre 1930, que ladite vente n'est pas lésive :

Débouter CORPORON de toutes ses fins et prétentions ;

Le condamner aux entiers dépens.

Subsidiairement : Avant dire droit sur les prétentions de CORPORON

Instituer une nouvelle expertise, étant précisé que la mission conférée aux experts aura pour objet la valeur exacte et réelle au 6 janvier des biens ci-dessu, c'est-à-dire de celle qu'aurait pu leur attribuer à cette date un tiers acquéreur avisé et soucieux d'assurer et la rémunération et la sécurité de son capital, la valeur de convenance personnelle qu'ils pouvaient avoir pour JOSEPH ne devant pas rentrer en ligne de compte.

Dire que les experts commis devront rechercher notamment : 1° si JOSEPH a ou non apporté au fonds depuis sa prise de possession les améliorations dont il a fourni l'état aux experts Benedetti, Maës et Rassiat et que ceux-ci ont refusé d'examiner et d'évaluer. Dire si ces amélioration et réparations n'étaient pas indispensables pour éviter que l'Hôtel ne perde son rang d'Hôtel de Luxe et dans quelle mesure cette nécessité était de nature à influencer le prix que pouvait atteindre l'adjudication du 6 janvier 1926.

2° Si la note de JOSEPH afférente à son séjour dans l'Hôtel pendant l'été 1925 et dont le montant de 150.000 francs a été incorporé aux bénéfices de l'exercice 1925 n'a pas été injustement majorée d'au moins 75.000 francs.

Dire qu'ils devront procéder à cette évaluation par comparaison avec les prix de vente d'autres fonds d'Hôtel, en faisant état des documents de comparaison versés au dossier et ce conformément aux dispositions du jugement interlocutoire du 27 juillet 1927.

Dire encore qu'ils devront rechercher dans quelle mesure la circonstance que le nom commercial de l'Hôtel Bernascon n'appartient pas en toute propriété à la Société CORPORON, POSSENTI, pouvait influer sur la valeur du fonds du 6 janvier 1926.

<h2 style="text-align:center">II</h2>

Au cas où la Cour ne croirait pas devoir ordonner la nouvelle mesure d'instruction sollicitée

Dire en droit qu'en l'état actuel de la liquidation, il est impossible de statuer sur la demande en rescision, la lésion à considérer n'étant pas celle que peut subir un associé sur un ou plusieurs des objets du partage, mais celle dont serait atteinte la part qui lui serait attribuée en fin de liquidation, compte tenu des dettes et créances des associés et des prélèvements et rapports de toutes sortes.

Et ce sera en retenant au besoin les dispositions de l'arrêt de la Chambre des mises en accusation de la Cour du 31 janvier 1929 dont l'autorité est expressément invoquée et à teneur duquel JOSEPH est en droit de faire état comme élément utile dans les comptes de liquidation de faits constitutifs d'une gestion désordonnée de CORPORON.

Subsidiairement, et au cas où la Cour croirait devoir prononcer dès maintenant la rescision de l'adjudication du 6 janvier 1926

Dire en droit que la faculté d'option que réserve à JOSEPH l'article 891, du Code Civil, doit lui être maintenue en toute hypothèse, ce texte ne faisant aucune distinction entre le cas où l'acquéreur est de bonne foi et celui où il est de mauvaise foi.

Dire encore et au besoin que JOSEPH a le droit d'user de ladite faculté par application des dispositions de l'article 1351 du Code Civil, le jugement du 27 juillet 1927 qui a acquis l'autorité de la chose jugée lui ayant formellement réservé ce droit dans les termes suivants : « réserve à COR- « PORON .... tous ses droits de faire prononcer la rescision de ladite « adjudication pour cause de lésion de plus du 1/4, si l'ADJUDICATAIRE « N'AIME PAS MIEUX AUPARAVANT FAIRE DISPARAITRE LA DITE « LESION ».

Retenant au besoin que l'action en dol introduite par CORPORON est définitivement éteinte par l'effet du jugement précité du 27 juillet 1927.

Dire qu'en matière de lésion de plus du 1/4 la seule sanction prévue par la loi est la rescision. Dire en conséquence qu'il ne saurait être infligée à JOSEPH accessoirement à la rescision, une condamnation quelconque à des dommages et intérêts ou à titre de dommages et intérêts.

Rejeter la prétention de CORPORON si elle est reprise devant la Cour, de faire d'ores et déjà déclarer JOSEPH débiteur de la différence entre le prix qui sera fixé par la décision définitive à intervenir et le prix qu'atteindra la nouvelle adjudication, pour autant que le second serait inférieur au premier, cette prétention si elle était admise devant avoir pour effet d'annihiler le droit d'option que la loi et la chose jugée confèrent à JOSEPH et étant, par ailleurs, contraire aux autres principes de droit invoqués ci-dessus.

Dire que JOSEPH peut, à son gré, conformément aux dispositions de l'article 891, du Code Civil, offrir à CORPORON le supplément de sa part sociale soit en numéraire soit en nature.

Dire que JOSEPH aura, si la rescision est prononcée, pour faire connaître s'il entend exercer la faculté d'en arrêter le cours un délai de 2 mois à dater de la signification de l'arrêt à intervenir lequel fixera définitivement la valeur à attribuer aux biens en litige à la date du 6 janvier 1926.

Dire qu'au cas où il ne croirait pas devoir arrêter par ce moyen le cours de la rescision, JOSEPH ne saurait être tenu à autre chose qu'à la restitution aux liquidateurs, sous les conditions légales, de tous les biens corporels ou incorporels, meubles ou immeubles qui ont fait l'objet de l'adjudication du 6 janvier 1926.

Dire que dans ce cas, il aurait droit au remboursement de ses impenses d'améliorations, que les experts commis ont refusé d'examiner et d'évaluer et dont il verse l'état aux débats.

Instituer une expertise avec les voies les plus étendues aux experts aux fins de les énumérer, décrire et évaluer, dire si elles étaient ou non nécessaires ou simplement utiles à la bonne marche de l'exploitation du fonds.

En ce cas, dépens en frais de partage prélevables sur la masse, sauf ceux d'indûe contestation à la charge du tort.

Sur l'exécution provisoire illégalement ordonnée

Dire à toute bonne fin que l'exécution provisoire à concurrence de 1.500.000 francs du jugement entrepris a été ordonnée sans caution en violation des dispositions de l'article 439, du Code de Procédure Civile, puisque cette condamnation ne se trouvait fondée ni sur un titre non attaqué, ni sur une condamnation précédente, non frappée d'appel.

Dire en tout cas qu'une telle condamnation, en toute hypothèse, n'eut pu intervenir qu'au profit des liquidateurs, et non au profit de CORPORON.

Dire qu'en tout état de la procédure JOSEPH ne peut être tenu de payer une somme quelconque à la liquidation, et encore moins à CORPORON, avant l'expiration du délai qui lui sera octroyé pour dire s'il entend utiliser la faculté de rachat, qui lui est réservée et, en cas affirmatif, sous quel mode il entend l'exercer.

Demande reconventionnelle de Joseph

I

Sur la créance de JOSEPH résultant de l'acte du 9 septembre 1930

Dire et déclarer :

Que cet acte doit être exécuté selon sa forme et teneur :

Dire qu'il n'a pas été annulé par celui du 31 août 1922 qui a, au contraire, stipulé qu'il continuerait à régler les droits et relations des parties, bien que le visant sous la date inexacte du 15 septembre 1920.

Dire que, sous cette date inexacte, l'acte du 31 août 1922 n'a pu viser l'acte du 3 septembre 1920, qui, n'ayant d'autre objet que la substitution de JOSEPH à POSSENTI était indifférent aux droits et relations des parties à l'acte du 31 août 1922, c'est-à-dire de CORPORON et de JOSEPH : qu'au contraire l'acte de cession du 9 septembre 1920, affectait les droits et relations des parties, puisqu'il avait pour objet d'égaliser leurs parts dans l'actif social.

Dire encore que l'acte du 9 septembre 1920 a été si peu annulé que c'est lui qui confère sous paragraphe 12 la direction de la Société à CORPORON et fixe sa rémunération mensuelle à 1.500 francs, direction qu'il n'a jamais cessé d'exercer et mensualités qu'il a régulièrement encaissées pendant la durée de la Société.

Dire que l'acte du 9 septembre 1920 contredit formellement la prétention de CORPORON de faire débiter JOSEPH personnellement de 100.000 francs, prix de la cession POSSENTI. Débouter CORPORON, comme l'ont fait les premiers juges, de cette prétention.

Dire et juger reconventionnellement qu'en vertu du même acte du 9 septembre 1920, CORPORON doit à JOSEPH personnellement 250.000 francs avec intérêts au 6 % dès le 15 avril 1920, date fixée par cet acte comme point de départ des intérêts. Dire et juger en conséquence que CORPORON sera débité personnellement envers JOSEPH et non envers la Société de pareille somme en capital et intérêts.

Dire subsidiairement au cas invraisemblable où l'acte précité du 9 septembre 1920 serait considéré comme annulé par celui du 31 août 1922 que CORPORON n'aurait d'autres droits dans l'actif social que ceux qu'il avait dans l'association formée en avril 1920, dont l'existence est reconnue par ledit acte du 9 septembre 1920, c'est-à-dire des droits égaux au quart de l'actif social.

II

Sur les cheminées

Dire que c'est abusivement et sans droit que CORPORON, gérant de la Société a disposé, en l'absence de JOSEPH, qui était en Amérique, comme de choses lui appartenant d'une cinquantaine de cheminées en marbre de Carrare incorporées à l'immeuble.

Dire que l'allégation que ces cheminées auraient été données à titre de rémunération à l'entrepreneur Massonnat par l'architecte Lefèvre n'est pas justifiée.

Retenant au besoin que Lefèvre n'était pas l'architecte choisi par JOSEPH, mais celui choisi par la Société dont CORPORON était le gérant et d'autre part que Massonnat n'a jamais fait état de cette rémunération prétendue dans ses mémoires.

Dire que CORPORON sera débité de ce chef envers la Société de la somme de 100.000 francs, à titre de dommages et intérêts ou de telle autre à arbitrer.

III

Sur la responsabilité personnelle de CORPORON à raison d'infraction frauduleuses Commises par lui, en complicité avec d'autres à la réglementation sur la taxe de séjour

Retenant que, des termes du rapport Boudillon, expert commis, suivant ordonnance de M. le Juge d'Instruction du 28 octobre 1925, du réquisitoire de M. le Procureur de la République du 14 avril 1928 et de l'ordonnance conforme de M. le Juge d'Instruction du 19 avril 1928, il résulte que ces infractions sont imputables personnellement à CORPORON, pris solidairement avec d'autres.

Dire en droit que dans ses rapports avec son co-associé CORPORON, JOSEPH ne saurait supporter les conséquences pécuniaires des délits ou des infractions à la loi pénale commis par celui-ci.

Dire en conséquence que CORPORON sera personnellement débité dans la liquidation de toutes les sommes en principal, intérêts, amendes et frais que la Société pourrait être contrainte de payer à la Ville d'Aix, en réparation du préjudice qui lui a été causé par les infractions ci-dessus.

Sur les faits visés dans les plaintes de Joseph

Ayant tels égards que de droit, en ce qui concerne la preuve des faits mentionnés sous les paragraphes IV à XIX ci-après, aux constatations faites par MM. Bagneux, Nivière et Boudillon, experts régulièrement commis, suivant ordonnance de M. le Juge d'Instruction du 9 février 1926.

Dire que CORPORON, gérant de la Société CORPORON et Cie, doit par application de l'article 1993 du C. C. restituer à la masse toutes les sommes qu'il a encaissées pour le compte de la Société ou qu'il a sorties de la caisse sociale, sans qu'il justifie de leur emploi et notamment des sommes ci-après :

IV

Sur les opérations au Crédit Lyonnais

Dire qu'en vertu du texte sus-visé, CORPORON doit rendre compte à la masse d'une somme de 259.296 francs, par lui déposée au compte de la Société au Crédit Lyonnais et retirée par la suite sans que la comptabilité sociale fasse mention de ce dépôt ni de ce retrait.

Retenant que CORPORON a reconnu devant les experts que cette somme représentait des deniers sociaux.

Dire qu'il ne justifie pas de son emploi, les deux explications qu'il a fournies, l'une (paiements aux fournisseurs) ayant été reconnue fausse par lui et la seconde (prêts aux joueurs) étant démontrée invraisemblable par tous les éléments de la cause et notamment par cette double circonstance qu'il ne pouvait consentir des prêts aux joueurs ou aux clients pendant le mois de décembre 1920, l'Hôtel étant fermé à cette époque, et qu'aucun des chèques qu'il prétend avoir reçu des joueurs, en remboursement de leur prêt, ne figure au compte de la Société au Crédit Lyonnais.

Dire encore que ces prêts aux clients ou joueurs sont invraisemblables, parce qu'il n'en est pas fait mention sur les livres de caisse de la Société.

En conséquence dire que CORPORON sera débité dans la liquidation de la somme de 259.296 francs avec intérêts le 1er janvier 1921.

V

Sur les opérations avec la Société Générale

1° Retenant que CORPORON a mentionné sur la comptabilité sociale une somme de 15.000 francs comme déposée à la Société Général, alors que ce dépôt n'a pas été effectué, le fait ressortant de la comparaison du compte de la banque avec la comptabilité sociale.

Retenant que le 23 août 1920, il tire sur la Société Générale un chèque égal au montant du compte dela Société CORPORON tel qu'il ressort de la comptabilité de la banque et non tel qu'il ressort de la comptabilité sociale et qu'en conséquence, il avait une parfaite connaissance de la différence ci-dessus.

2° Retenant encore que le même jour, 23 août 1920, il retire de la Société Générale le montant intégral du compte de la Société CORPORON, ouvert sous son nom, soit la somme de 164.478 fr. 10 et ne verse le même jour que 64.478 fr. 10 au Crédit Lyonnais où le compte est transféré.

Retenant qu'il n'est fait aucune mention de cette différence sur la comptabilité sociale.

Retenant que toutes les explications fournies par CORPORON suivant lesquelles le virement se serait effectué de banque à banque ont été démontrées fausses par la production du chèque signé CORPORON le 23 août 1920 et du bordereau de versement au Crédit Lyonnais du même écrit et signé de sa main, faits constatés et pièces examinées par les experts de l'information.

Retenant encore qu'est à écarter l'hypothèse envisagée par les experts, suivant laquelle cette somme de 100.000 francs pourrait être comprise dans un versement de 170.000 francs, effectué par CORPORON le 23 août au Crédit Lyonnais, au compte de la Société, une telle hypothèse étant en contradiction formelle avec les explications de CORPORON qui déclare n'avoir retiré la veille aucun fonds de la Société Générale, par chèque, et qui n'a pu ainsi verser au Crédit Lyonnais une somme qu'il nie avoir retirée de la Société Générale.

Retenant que les excédents de versement au Crédit Lyonnais, déjà utilisés par CORPORON pour asseoir son invraisemblable système de prêts aux clients ou aux joueurs, ne peuvent être utilisés à double fin et servir encore à expliquer l'opération éminemment suspecte dénoncée dans le présent chef.

Dire, en conséquence, que CORPORON doit compte à la masse de la somme de 115.000 francs, qu'il reconnaît être des deniers sociaux et sur l'emploi de laquelle il ne fournit aucunes justifications et ce, avec intérêts de droit dès le 23 août 1920.

VI

En ce qui concerne les acquisitions de terrains

Dire qu'une somme de 115.831 francs a été portée fictivement sur la comptabilité sociale comme affectée aux acquisitions de terrains constatées par les actes Vallet, notaire, du 1er décembre 1921 ; Tamine, notaire, du 18 novembre 1921 ; Tamine, notaire, du 22 février 1923 ; Page, notaire, des 30 juillet et 30 août 1924 ; qu'il résulte, en effet, de la comparaison des prix portés à ces actes avec ceux portés à la comptabilité que la somme ci-dessus n'a pas été affectée à cet emploi.

Dire qu'on ne saurait retenir comme justification de l'emploi de cette somme les explications de CORPORON, suivant lesquelles il l'aurait distribuée à titre de rémunération à des intermédiaires, ces explications étant invraisemblables, parce qu'il s'est refusé à indiquer les noms de ceux-ci et parce que ces rémunérations se seraient élevées à des taux démesurément exagérés dont certains auraient atteint le 125 % de la valeur des terrains acquis.

Dire au cas impossible où des explications aussi invraisemblables devraient être considérées comme constituant la justification que JOSEPH est en droit d'exiger en vertu de l'article 1993 du C. C. qu'il n'en résulterait pas moins que CORPORON aurait commis un abus de mandat en rémunérant dans des proportions aussi insolites ces intermédiaires supposés et que, de toutes façons, sa responsabiité personnelle est engagée.

Dire en conséquence qu'il devra être débité de cette somme de 115.831 francs avec intérêts de droit dès le jour où chaque fraction de la dite somme est sortie de la caisse sociale.

VII

Opérations avec le Comptoir National d'Escompte de Paris

Dire que CORPORON doit compte d'une somme de 10.272 fr. 55 qu'il a portée fictivement à la comptabilité sociale comme déposée au Comptoir National d'Escompte de Paris, alors que le compte de cette Banque établit qu'il ne l'a pas affectée à cet usage.

Dire que la circonstance qu'un comptable constatant cette différence en a fait l'objet d'une écriture d'attente pour établir la balance de ses comptes ne fait pas obstacle à ce que Joseph demande que CORPORON soit débité de cette somme sur l'emploi de laquelle il ne fournit aucune justification, ni même aucune explication.

Dire en conséquence que CORPORON sera débité de la dite somme dans la liquidation avec intérêts de droit dès le jour où il l'a sortie de la caisse, soit au plus tard dès le 31 décembre 1922.

VIII

Sur les recettes provenant des exploitations annexes de l'Hôtel

Dire que CORPORON avait sous sa gestion l'ensemble de l'exploitation commerciale de la Société CORPORON et Cie et notamment les exploitations annexes telles que Chalet, Bar, Dancing.

Dire que CORPORON doit compte à la masse des recettes de ces exploitations annexes que pendant l'année 1922, il n'a pas versés à la Caisse sociale.

Dire que l'hypothèse admise comme possible par les experts, selon laquelle des recettes sans indications d'origine versées globalement à la caisse sociale les 15 et 16 août et les 29 et 30 août 1922 pourraient provenir des exploitations annexes, invraisemblable en elle-même, est contredite par le système de CORPORON qui, devant les experts, a déclaré ne s'être pas occupé des exploitations annexes.

Dire en tous cas que si on tenait contre toute attente cette hypothèse, pour vérifié, elle ne suffirait pas à justifier l'absence de recettes pendant le mois de septembre 1922 et que, par conséquent, CORPORON devrait encore rendre compte des recettes par lui encaissées pendant ce mois.

Retenant, en fait, que les recettes de ces exploitations annexes se sont élevées, pendant l'année 1924, à 128.805 fr. 55.

Dire en conséquence que CORPORON sera débité dans la liquidation avec intérêts de droits de la somme de 125.000 francs ou de telle autre à arbitrer.

IX

Sur des salaires indûment perçus

Dire que CORPORON doit être débité dans la liquidation d'une somme de 2.400 francs qu'il s'est fait payer indûment, à titre de salaires, et ce, avec

X

Sur l'automobile vendue au docteur Pégaz

Donnant acte à JOSEPH de ce que CORPORON se reconnaît débiteur intérêts de droit dès le jour où ce paiement a été effectué.
du prix irrégulièrement reçu par lui de l'automobile par lui vendue au docteur Pégaz.

Dire que la somme qu'il doit de ce chef est non pas celle de 25.480 francs, mais celle de 27.000 francs, prix que le docteur Pégaz a déclaré l'avoir payée au cours de son audition par M. le Juge d'Instruction, suivant procès-verbal d'information du 17 octobre 1928.

Dire qu'il sera débité de cette somme dans la liquidation, avec intérêts de droit, dès le 31 août 1925.

XI

Sur l'opération avec Massonat, entrepreneur

Retenant que CORPORON reconnaît avoir emprunté personellement 23.000 francs à l'entrepreneur Massonnat, sous forme de traite de complaisance, acceptée par lui au nom de la Société CORPORON, et, ce, au début de l'année 1925.

Retenant qu'il a fait irrégulièrement rembourser ce prêt personnel par la caisse sociale.

Retenant que lorsqu'un comptable constatant cette irrégularité l'a débité de la somme ci-dessus, CORPORON a immédiatement contrebalancé ce débit, en se faisant créditer de diverses sommes et notamment de celle de 8.783 fr. 30 pour frais de voyage prétendus et au sujet de laquelle il n'a fourni aucune justification.

Retenant que les experts ont constaté que cette somme avait été calculée pour annuler le débit qui venait d'être porté au compte de CORPORON pour la cause ci-dessus.

Dire que c'est à tort qu'elle a été portée à son crédit et qu'il devra rembourser à la masse la dite somme de 8.783 fr. 30 que, jusqu'à preuve contraire, il doit être considéré avoir prélevée indûment sur l'actif social en remboursement d'un prêt personnel.

Dire qu'il en sera débuté dans la liquidation avec intérêts de droit dès le 31 mars 1925.

XII

Sur les sommes que CORPORON reconnait avoir encaissées pour le compte de la Société et qu'il déclare avoir versées au prétendu compte spéciale

Dire qu'il résulte du rapport des experts de l'information que CORPORON doit compte à la masse :

1° D'une somme de 7.493 fr. 30, cette somme représentant une indemnité de sinistre qui lui a été payée par la Cie « Le Phénix », le prix de vente de marchandises et de matériel et le montant d'un réglement de comptes avec la mission Jay et Jallifier.

2° D'une somme de 125.000 francs, représentant les bénéfices réalisés sur le change et des ristournes des loueurs d'autos pendant les années 20 à 24 inclus.

Retenant que CORPORON reconnaît avoir reçu ces sommes, mais prétend les avoir encaissées par le compte spécial.

Retenant que l'existence de ce compte prétendu n'est pas établie par CORPORON. Que bien plus, il est démontré par les dépositions de tous les témoins entendus à l'exception d'un seul dont la déposition doit être écartée comme suspecte, que le compte n'a jamais existé ; qu'il a encore été établi que, contrairement, à ses allégations, CORPORON n'a pas versé le montant du règlement Jay et Jallifier à ce compte spécial prétendu, puisqu'il a remboursé cette maison de ses deniers personnels.

Dire que CORPORON sera débité des deux sommes ci-dessus dans la liquidation avec intérêts de droit.

XIII

Sur 1.983 fr. 35 de coupons de rentes françaises encaissées par CORPORON

Dire que CORPORON reconnaît que cette somme représente des deniers sociaux.

Dire, avec les experts, qu'il l'a encaissée sans faire débiter son compte et qu'en conséquence son compte dans la liquidation en sera débité avec intérêts de droit.

XIV

Sur la somme de 18.009 fr. indûment payée à CORPORON sous l'indication d'une fausse cause

Dire qu'au cours de son interrogatoire du 20 octobre 1928 devant M. le Juge d'Instruction, CORPORON a reconnu que la somme de 18.000 francs, mentionnée au reçu du 1ᵉʳ septembre 1925 (cette somme constituant 10.500 francs de salaires dûs à sa mère et 7.500 francs de salaires dûs à lui-même d'après le libellé du reçu) ne représentait pas en totalité des salaires, mais à concurrence de 10.000 francs un prélèvement qu'il avait effectué sur la caisse sociale. Qu'il reconnaît ainsi que la cause énoncée au reçu est fausse.

Dire que, par son aveu, il est établi également qu'il n'était pas dû 10.500 francs de salaires à Mme Arbin.

Retenant que CORPORON a soutenu successivement que ces salaires étaient dûs à sa mère, puis à sa mère et à des membres de sa famille, puis à sa mère en totalité.

Dire que la cause énoncée au reçu est surabondamment démontrée fausse et que CORPORON devra être débité dans la liquidation de la somme de 18.000 francs avec intérêts de droit dès le 1ᵉʳ septembre 1925.

XV

Sur divers paiements prétendus effectués sans justifications à des fournisseurs

Dire que ne sont pas justifiés les paiements ci-après portés à la comptabilité comme effectués, savoir à Evrard 5.690 francs, à Négro et Uberti 6.260 francs, à la maison Pearl et Ranshœæ 11.000 francs.

Dire en conséquence que CORPORON ne justifie pas avoir employé ces sommes à l'usage indiqué dans la comptabilité et qu'il sera débité de leur total, soit de 22.950 francs, dans la liquidation avec intérêts de droit.

XVI

Sur des ventes d'objets mobiliers dont le prix n'a pas été versé à la Caisse sociale

Dire que CORPORON est débiteur envers la masse de la somme de 3.000 francs, prix non porté en comptabilité de lustres vendus à MM. Crollard et Leydernier, l'explication aventurée par lui qu'il aurait fait inscrire au compte de la Société à la banque le chèque qu'il aurait reçu en paiement de ce prix ayant été reconnue fausse par les experts.

Dire qu'il sera débité également dans la masse de la somme de 1.300 francs, prix non porté en comptabilité de tables vendues au sieur Cavier, le tout avec intérêts de droit.

XVII

**Sur le prêt de 50.000 francs consenti par JOSEPH
à la Société et dont CORPORON s'est approprié le montant**

Retenant que les experts Bagneux, Nivière et Boudillon ont conclu que CORPORON s'était définitivement approprié cette somme.

Retenant que l'arrêt de la Chambre des Mises en accusation du 31 janvier 1929 n'a déclaré que ce fait ne constituait pas un détournement que, parce qu'il semblait que l'intention frauduleuse n'était pas établie de façon suffisante.

Retenant que ces appréciations contredisent l'affirmation articulée par CORPORON de s'être fait débiter de la dite somme de 50.000 francs en contre-partie du prêt de JOSEPH à la Société qu'il s'est approprié.

Retenant encore qu'il n'a jamais articulé la dite affirmation ni devant les experts, ni devant M. le Juge d'Instruction et qu'il l'a aventurée pour la première fois à la barre devant le Tribunal de Commerce ; qu'elle est inexacte, qu'il n'existe aucun débit à son compte de pareille somme au 6 septembre 1925 et que le débit de 50.000 francs, qui y figure au 6 septembre 1924, a pour contre-partie un chèque qu'il a tiré à cette date sur le compte de la Société au Comptoir National d'Escompte de Paris, chèque sous formule n° 00152.

Dire que CORPORON sera personnellement débité de la somme ci-dessus de 50.000 francs avec intérêts de droit dès le 12 mai 1924.

XVIII

Sur la disparition de la majeure partie de la comptabilité

Retenant que CORPORON, gérant de la Société, étant de ce fait dépositaire des livres sociaux ne justifie pas les avoir restitués aux liquidateurs Guitteau et Géranton, ses successeurs, dans sa gestion contre la décharge régulière.

Retenant que toutes les explications qu'il a fournies sur la disparition de la comptabilité, si elles ont pu faire exclure l'hypothèse du détournement, ne sauraient le dispenser de l'obligation qui lui incombe de restituer la dite comptabilité dont s'agit à la liquidation.

Dire encore que ces explications ont été successivement démenties par les témoins Taylor, Géranton et Frazer entendus par les experts ou à l'information, que, d'ailleurs, elles sont rendues singulièrement suspectes par cette circonstance que l'expert Boudillon, le réquisitoire de M. le Procureur de la République du 14 avril 1928 et l'ordonnance conforme qui a suivi lui ont déjà imputé formellement la disparition intentionnelle de la partie de la comptabilité relative à la perception de la taxe de séjour.

Dire, d'ailleurs, que des faits sus-analysés, il ressort surabondamment que CORPORON avait, seul, intérêt à la disparition de la comptabilité sociale.

XIX

Sur la condamnation en 100.000 francs de dommages-intérêts
prononcée contre JOSEPH par le jugement déféré
et sous réserve de ce qui est dit ci-dessus sur cette condamnation
dans la mesure où elle tend à réparer les prétendus préjudices subi par la lésion

Dire que, dans la mesure, où cette condamnation s'applique au préjudice prétendu causé par JOSEPH à CORPORON par le dépôt de ses plaintes, le Tribunal était incompétent pour la prnoncer, le point de savoir si le dépôt d'une plainte suivie de non-lieu constitue ou non le délit prévu et puni par l'article 373 du Code Pénal ou un quasi délit tombant sous le coup de l'article 1382 du C. C., échappant évidemment à l'appréciation de la juridiction commerciale.

Subsidairement au fond,

Dire et déclarer qu'une plainte suivie de non-lieu n'ouvre un droit contre le plaignant à des dommages-intérêts que lorsqu'elle constitue le délit de dénonciation calomnieuse ou lorsqu'elle a été déposée avec imprudence ou légèreté.

Dire que JOSEPH, en signalant les faits sus-analysés aux autorités chargés de la répression, n'a agi ni avec mauvaise foi, ni avec imprudence, ni avec légèreté.

Dire que l'arrêt de la Chambre des Mises en accusation de la Cour du 31 janvier 1929 dont l'autorité est, au besoin, expressément invoquée a apprécié que pour certains d'entre eux, l'intention frauduleuse de CORPORON ne semblait peut être pas suffisamment établie ce qui implique qu'elle l'était partiellement, et ce qui suffit à écarter la prétention de CORPORON à des dommages-intérêts de ce chef.

Dire en conséquence que c'est à tort que les premiers juges l'ont accueillie.

XX

Sur la demande reconventionnelle en dommages-intérêts de JOSEPH

Dire que CORPORON tant à raison des faits frauduleux relevés ci-dessus que de sa gestion qualifiée désordonnée parl'arrêt du 31 janvier 1929 précité que de la disparition de la comptabilité a causé à JOSEPH un préjudice matériel et moral dont il lui doit réparation.

En conséquence, le condamner à un million de dommages et intérêts.

Sous toutes réserves.

RAPPORT

DE.

L. RETAIL

Docteur ès-sciences juridiques
Docteur ès-sciences politiques et économiques
Professeur à l'Ecole des Hautes Etudes Commerciales
Expert-Comptable breveté par l'Etat

———

A Mes BACHELARD et RUBELIN

Avocats à la Cour

RAPPORT DE L. RETAIL

Mon cher Maître,

A la date du 8 septembre 1930, vous m'avez adressé la lettre suivante :

« Monsieur RETAIL, Professeur,
« à l'Ecole des Hautes Etudes Commerciales ».

« J'ai l'honneur de vous communiquer ci-joint le jugement du Tribunal
« de Commerce de Chambéry, relativement à l'affaire de l'Hôtel REGINA BER-
« NASCON d'Aix-les-Bains, jugement dans lequel vous êtes cité, en même
« temps que tout notre dossier, dans lequel vous trouverez le rapport d'ex-
« pertise qui a été établi à la requête dudit Tribunal.

« Je vous serais très obligé, après avoir étudié ces documents, la comp-
« tabilité de l'Hôtel REGINA BERNASCON, l'expertise qui a été faite et le
« jugement du Tribunal de Commerce de Chambéry, de me fournir toute do-
« cumentation technique sur les faits de la cause et plus spécialement de
« me dire quelle est, à votre avis, la valeur du fonds. »

*
* *

Après avoir pris connaissance du dossier, je me suis transporté, avec
l'un de mes collaborateurs, à Aix-les-Bains où nous sommes descendus au
REGINA BERNASCON. Nous avons consulté la comptabilité qui nous a été
représentée par M. RASSIAT, Expert. Plus particulièrement, nous avons recherché si la documentation que vous nous avez communiquée était en concordance avec les renseignements comptabilisés.

Nous vous exposons ci-dessous, en deux chapitres, le résultat de nos
investigations :

1° Visite des lieux ;
2° Evaluation du fonds de Commerce.

Première partie

VISITE DES LIEUX

Les 18 et 19 septembre 1930, nous avons visité l'Hôtel REGINA BER-NASCON.

Le mobilier d'art, les tableaux et les tapis, les uns et les autres propriété personnelle de M. JOSEPH, la restauration intérieure et extérieure qui a été faite par M. Eli JOSEPH depuis le 6 janvier 1926, donnent à l'Hôtel un cachet de luxe incontestable.

D'autres aménagements seront cependant nécessaires, en particulier en ce qui concerne la terrasse du restaurant qui est dégradée. La distance très grande qui sépare la cuisine de la salle à manger (27 marches et 15 mètres de palier environ) constitue un sérieux inconvénient pour assurer le service. L'ancien mobilier est tout-à-fait médiocre pour un hôtel de luxe. Un nombre important de chambres ont cependant été remises en état depuis que M. JOSEPH est le seul exploitant de l'Hôtel. L'aspect de ces chambres ainsi restaurées contraste nettement avec l'aspect des autres chambres. L'installation du chauffage central peut être considérée comme très insuffisante; il n'y a pas de radiateur dans les chambres et les couloirs en possèdent un nombre restreint.

Après avoir visité l'hôtel, nous avons parcouru les terrains acquis par la Société. A notre avis, ces terrains ne peuvent pas être considérés comme terrains à bâtir. En effet, les deux tennis qui font partie du premier lot sont en contre-bas de la route ; le premier, de 3 à 5 mètres et le deuxième, de 5 à 8 mètres. La construction y paraît très difficile et nécessiterait un remblaiement considérable. Faisant suite au tennis, se trouve un chalet. Le deuxième lot comprend un terrain en bordure de la route, à 300 mères environ de l'hôtel; on a commencé la construction d'un garage sur cet emplacement, mais cette construction a été interrompue; on a fait d'importants travaux de terrassement pour ramener ce terrain au niveau de la route. Tous ces travaux ont été effectués aux frais de l'hôtel et sont incorporés dans la comptabilité.

*
* *

Deuxième partie

EVALUATION DU FONDS DE COMMERCE

Il y a tout d'abord lieu de préciser que, dans l'état actuel du dossier, deux évaluations différentes ont été proposées par les experts.

Première évaluation : EXPERTS MAJORITAIRES

Les experts majoritaires, prenant comme base un bénéfice annuel de 700.000 francs, ont fixé à 8.800.000 francs la valeur de l'hôtel REGINA BER-NASCON.

Si l'on ajoute à cette somme 800.000 francs, représentant les frais qu'aurait à payer l'acheteur éventuel, on obtient, comme prix de revient du fonds, une somme de 9.600.000 francs.

Le rendement apparant du capital engagé serait donc de :

$$\frac{700.000 \times 100}{9.600.000} = 7,29\ \%.$$

Deuxième évaluation : EXPERT MINORITAIRE

L'Expert minoritaire, prenant comme base un bénéfice annuel de 630.000 francs, a fixé à 5.350.000 francs la valeur de l'hôtel.

Si l'on ajoute à cette somme 500.000 francs, représentant les frais qu'aurait à payer l'acquéreur éventuel, on obtient comme prix de revient du fonds, une somme de 5.850.000 francs.

Le rendement apparent du capital ainsi engagé serai donc :

$$\frac{630.000 \times 100}{5.850.000} = 10,75\ \%.$$

Il importe de signaler que le taux de l'argent était, à ce moment là, de 7 à 8 % pour un capitaliste qui se contentait d'opérer un placement en dehors de toute idée de gestion personnelle, en achetant soit des titres à revenu fixe, soit des titres à revenu variable, soit en faisant des prêts sur nantissement ou sur hypothèque.

Il faut, d'autre part, tenir compte du fait que, dans 35 ans, le capital investi dans l'hôtel sera perdu, tandis que, dans le cas d'un capitaliste opérant un placement, la récupération du capital est une certitude, plus spécialement en cas de nantissement ou d'hypothèque.

La conséquence immédiate de nos observations est que les experts ont commis des erreurs telles que leur travail ne saurait être considéré par un juge comme une base sérieuse d'appréciation.

Ces erreurs les ont conduits, d'une part, à un double emploi, ainsi qu'il sera expliqué ultérieurement, et, d'autre part, à la fixation d'un chiffre de bénéfices fictifs.

A. — BENEFICES FICTIFS

En critiquant la gestion, les experts se sont placés dans la situation d'un gestionnaire idéal, ce qui les a conduits à prendre comme base, non pas le bénéfice réel, mais un bénéfice obtenu par des procédés tels que, si l'on s'en réfère à la jurisprudence en matière de distribution de dividende, ce bénéfice ne manquerait pas d'être considéré comme fictif.

En effet, si l'on examine plus spécialement l'exercice 1925, qui a seul été retenu par les Experts, on ne peut admettre que les recettes des galas aient été incorporées dans la comptabilité, alors qu'on rejetait les dépenses correspondantes, soit une différence de 38.000 francs. On ne peut pas admettre davantage qu'on retranche des dépenses d'alimentation une somme de 65.000 francs, sous prétexte que ces dépenses sont plus fortes que celles de l'année 1924. Les redressements opérés pour une somme de 20.000 francs, en ce qui concerne les salaires payés, et pour une somme de 9.000 francs, en ce qui concerne les fleurs, sont également inexplicables, puisqu'il s'agit de dépenses effectivement engagées. La note d'hôtel de M. Eli JOSEPH, qui était décomptée pour 75.000 francs les années précédentes, a été injustement incorporée dans la comptabilité pour une somme de 150.000 francs en 1925, d'où une différence de 75.000 francs.

Il apparaît que les premiers juges se soient basés sur ces chiffres, obtenus par rectification des chiffres comptables.

B. — DOUBLE EMPLOI

Il importe d'observer, tout d'abord, que le double emploi n'a pas échappé au Tribunal, puisqu'on trouve dans le jugement la motivation suivante :

« ... un grand nombre d'éléments d'actifs, comme par exemple les amé-
« liorations aux immeubles, le chauffage central, les agencements de cui-
« sine, la vaisselle, la lingerie, les automobiles, les installations du jardin,
« ascenseur, installations d'électricité, le mobilier lui-même ont une desti-
« nation tellement attachée au fonds de commerce proprement dit, qu'il s'y
« incorporent pour ainsi dire et que le fonds ne peut se concevoir sans leur

« présence ; attendu d'ailleurs que la durée du bail, 34 ans, est telle qu'aucun
« de ces éléments n'a été jugé par les experts d'une durée de vie supérieure
« à ce chiffre, qu'ainsi aucune parcelle de leur valeur, même en fin de bail,
« ne pourra être liquidée ni récupérée, qu'ils constituent véritablement l'ou-
« til de production et ne sauraient, n'ayant aucune valeur possible de réa-
« lisation, constituer une monnaie d'échange.

« Qu'il est donc inexact et injuste, surtout si l'on applique les principes
« de M. RETAIL et sa méthode de calcul, d'ajouter leur valeur à la valeur
« des biens incorporels, ce qui ferait à coup sûr double emploi.

« Attendu que toutes ces installations énumérées plus haut font un total
« de 3.250.000 francs, et que ce chiffre ne doit pas s'ajouter à la valeur
« des biens incorporels évalués ci-après à leur juste valeur... »

Il apparaît, en effet, que les experts, qui prennent déjà comme base un
bénéfice pouvant être considéré comme fictif, pour les raisons indiquées précédemment, ont, en outre, pratiqué des amortissements insuffisants, ce qui
a pour conséquence, d'une part, d'attribuer aux éléments incorporels une
valeur majorée et, d'autre part, d'incorporer les immobilisations pour une
valeur supérieure à la valeur normale.

Pour préciser notre raisonnement, il apparaît immédiatement que, pour
un bénéfice de 100 obtenu avec une insuffisance d'amortissements égale à 20,
on commet une première erreur en prenant comme base de bénéfice le chiffre 100, alors qu'on devrait prendre le chiffre 80. Si le coefficient à appliquer aux bénéfices, pour déterminer la valeur des éléments incorporels, est
de 3, on a donc commis une erreur de : 20 × 3 = 60.

D'autre part, on commet une deuxième erreur en décomptant l'immo-
bilisation pour sa valeur d'achat insuffisamment amortie.

Seules, deux thèses peuvent être en présence :

— Celle qui consiste, puisqu'on n'a pas tenu compte d'amortissements
normaux pour l'évaluation des éléments incorporels, à considérer que les
éléments *corporels*, intimement liés au fonds, et constituant avec lui la même
entité parce qu'ils en sont inséparables, sont en fait sans autre valeur ;

— Celle qui consiste à rétablir les amortissements normaux.

Il apparaît surabondamment que les renseignements d'expertise ne sauraient constituer une base solide d'appréciation pour un juge.

*
* *

Dans ces conditions, nous avons examiné la comptabilité, ce qui nous
a amené à formuler les trois solutions suivantes :

PREMIERE SOLUTION

D'après les écritures passées au folio 31 du Journal saisi, en date du
12 novembre 1925, sur commission rogatoire de M. JOUSSELIN, Juge d'Instruction, et faisant l'objet du Scellé n° 65, le Bilan au 31 décembre 1923 se
présente comme suit :

Bilan au 31

ACTIF

Terrains	286.665	10
Mobilier	932.562	35
Verrerie	24.912	50
Vaisselle	8.713	70
Lingerie	113.827	60
Argenterie	68.734	35
Matériel de Cuisine	38.022	60
Matériel d'Electricité	29.196	65
Tapis	98.857	35
Installations diverses	66.218	25
Améliorations des Immeubles	1.682.064	95
Blanchisserie	50.000	»
Frigorifique	44.555	10
Chalet, Matériel, divers	11.691	45
Jardins	11.000	»
Camionnette	10.000	»
Clientèle	180.000	»
P. BERNASCON	200	»
Marc CORPORON	2.469	75
Comptes en suspens	8.237	75
Réserves	36.483	35
Inventaire	170.697	31
Actions Coopérative Hôtelière	10.000	»
Rente Française	18.283	45
	3.903.393	**56**

Décembre 1923

PASSIF

Réserves	52.895	»
Réserves pour dépréciation de Matériel et de Mobilier	702.125	»
Capital	200.000	»
Paul BERNASCON, Mortgage	300.000	»
Paul BERNASCON, Intérêt	3.750	»
Eli JOSEPH, Compte Prêt	1.905.389	»
Eli JOSEPH, Compte Intérêt	89.235	70
Créanciers	98.645	25
Comptoir National d'Escompte	94.181	09
MM. Allan CHARLESWORTH	3.000	»
Pertes et Profits	454.172	52

3.903.393 56

L'examen de ce Bilan permet de constater qu'à un actif comptable s'élevant à Frs. 3.903.393 56

s'oppose un passif réel comprenant :

Paul BERNASCON, Mortgage	300.000 »	
Paul BERNASCON, Intérêts	3.750 »	
Eli JOSEPH, Compte Prêt	1.905.389 »	
Eli JOSEPH, Compte Intérêts	89.235 70	
Créanciers	98.645 25	
Comptoir National d'Escompte ..	94.181 09	
MM. Allan CHARESWORTH	3.000 »	2.494.201 04

D'après le Bilan,

l'ACTIF NET ressort donc à 1.409.192 52

Au surplus, l'examen du Passif du Bilan permet de reconstituer cet Actif net en les éléments ci-après :

Capital	200.000 »
Réserves	52.895 »
Réserve pour dépréciation de Matériel et de Mobilier	702.125 »
Pertes et Profits	454.172 52
Total égal	1.409.192 52

Soit, en chiffres arrondis : 1.410.000 francs.

D'après les écritures passées au folio 58 du Journal saisi, en date du 12 novembre 1925, sur Commission rogatoire de M. JOUSSELIN, Juge d'Instruction, et faisant l'objet du Scellé n° 65, le Bilan au 31 décembre 1924 se présente comme suit :

BILAN

AU 31 DÉCEMBRE 1924

Bilan au 31

ACTIF

Clientèle	175.000	»
Terrains	351.665	10
Mobilier	972.013	85
Mobilier Salon de Coiffure	4.377	85
Tapis	98.822	35
Lingerie	153.956	85
Argenterie	86.558	55
Verrerie	28.470	15
Vaisselle	13.837	95
Matériel de Cuisine	39.814	65
Matériel d'Electricité	33.685	55
Améliorations	2.272.199	44
Blanchisserie	50.693	»
Frigorifique	45.140	70
Installations diverses	130.342	35
Chalet	11.691	45
Jardins	19.485	35
Camionnette	10.000	»
Voiture Chenard	30.000	»
Débiteurs divers	1.211	05
Loyer payé d'avance (Compte de Réserves)	27.500	»
Inventaire	302.716	55
Portefeuille	10.000	»
Comptes en suspens	72.099	10

	4.941.281	84

Décembre 1924

PASSIF

Réserves pour entretien, réparations, renouvellement et dépréciation de Matériel, Mobilier, Installations, etc.	1.033.198	»
Capital	200.000	»
Paul BERNASCON, Mortgage	250.000	»
Paul BERNASCON, Intérêt	3.150	»
Eli JOSEPH, Compte Prêt	1.860.008	»
Eli JOSEPH, Compte Intérêt	70.033	07
CORPORON, Compte Prêt	9.657	49
CORPORON, Compte Intérêt	5.315	60
Créanciers	263.579	53
Réserves	34.283	55
Comptoir d'Escompte	58.347	75
Pertes et Profits	1.153.708	85

4.941.281 84

L'examen de ce Bilan permet de constater qu'à un actif comptable s'élevant à Frs. 4.941.281 84

s'oppose un passif réel comprenant :

BERNASCON, Mortgage ....   250.000 »
BERNASCON, Intérêts ....   3.150 »
Eli JOSEPH, Compte Prêt ....   1.860.008 »
Eli JOSEPH, Compte Intérêts 70.033 07
CORPORON, Compte Prêt 9.657 49
CORPORON, Compte Intérêts 5.315 60
Créanciers 263.579 53
Comptoir d'Escompte 58.347 75   2.520.091 44

D'après le Bilan,

l'ACTIF NET ressort donc à 2.421.190 40

Au surplus, l'examen du Passif du Bilan permet de reconstituer cet Actif net en les éléments ci-après :

Capital ....   200.000 »
Réserves pour entretien, dépréciation du Matériel ......   1.033.198 »
Réserves 34.283 55
Pertes et Profits 1.153.708 85

Total égal 2.421.190 40

Soit en chiffres arrondis : 2.420.000 francs.

D'après les écritures passées au folio 105 du Journal saisi, en date du 12 novembre 1925, sur Commission rogatoire de M. JOUSSELIN, Juge d'Instruction, et faisant l'objet du Scellé n° 65, le Bilan au 30 septembre 1925 se présente comme suit :

BILAN

AU 3o SEPTEMBRE 1925

Bilan au 30

ACTIF

Actions Coopérative Hôtelière	10.000	»
Comptoir National Escompte	338.481	95
Caisse	11.534	95
Clientèle	170.000	»
Dépôt téléphone	100	»
Installations salon de coiffure	4.377	85
Installations aux jardins	20.836	60
Installations aux Chalets	11.691	45
Matériel et Mobilier	990.187	»
Tapis	97.822	35
Verrerie	29.012	15
Vaisselle	25.575	25
Lingerie	165.671	80
Argenterie	97.744	85
Matériel de Cuisine	41.847	80
Matériel d'Electricité	63.264	80
Installations diverses	136.404	05
Amélioration, Entretien aux Immeubles	2.499.239	88
Frigorifique	79.890	70
Installation, Blanchisserie	85.611	85
Autobus Latill	207.118	»
Terrains	351.665	10
Auto Chenard	30.000	»
Camionnette	10.000	»
Auto Cadillac	12.000	»
Inventaire	441.400	»
Débiteurs divers	29.749	40
Banque de Savoie	46.303	75
Comptes en suspens	44.099	10
	6.051.630	63

Septembre 1925

PASSIF

Capital	200.000	»
Paul BERNASCON, Mortgage	200.000	»
Paul BERNASCON, Intérêt	5.000	»
Eli JOSEPH, Compte Prêt	1.872.008	»
Eli JOSEPH, Compte Intérêt	10.600	27
CORPORON, Compte Prêt	34.470	34
CORPORON, Compte Intérêt	6.851	60
Mᵉ GRUMEL	6.692	»
Réserve pour dépréciation	1.418.146	»
Comptes suspens	3.000	»
Pertes et Profits	1.720.026	79
Créanciers	444.835	63
GRUMEL, Compte Prêt	130.000	»

6.051.630	63

L'examen de ce Bilan permet de constater qu'à un actif comptable s'élevant à 6.051.630 63
s'oppose un passif réel comprenant :

BERNASCON, Mortgage	200.000 »	
BERNASCON, Intérêts	5.000 »	
Eli JOSEPH, Compte Prêt	1.872.008 »	
Eli JOSEPH, Compte Intérêts	10.600 27	
CORPORON, Compte Prêt	34.470 34	
CORPORON, Compte Intérêts	6.851 60	
Me GRUMEL	6.692 »	
Compte suspens	3.000 »	
Créanciers	444.835 63	
GRUMEL, Compte Prêt	130.000 »	2.713.457 84

D'après le Bilan,

l'ACTIF NET ressort donc à 3.338.172 79

Au surplus, l'examen du Passif du Bilan permet de reconstituer cet Actif net en les éléments ci-après :

Capital	200.000 »
Réserves pour dépréciations	1.418.146 »
Pertes et Profits	1.720.026 79
Total égal	3.338.172 79

Soit, en chiffres arrondis : 3.340.000 francs.

*
* *

En résumé, l'ACTIF NET de l'Hôtel REGINA BERNASCON se présenterait comme suit, au cours des différents exercices :

Exercice 1923	1.410.000 »
Exercice 1924	2.420.000 »
Exercice 1925	3.340.000 »

ce qui représente une valeur moyenne de : 2.390.000 francs.

Et ainsi, le seul examen des Bilans, d'ailleurs opposables à l'un et à l'autre des associés, ferait apparaître (en prenant le chiffre le plus défavorable à M. Eli JOSEPH, c'est-à-dire le chiffre de l'exercice 1925) une valeur de 3.340.000 francs.

Il faudrait donc en conclure que M. Eli Joseph, ayant acquis l'Hôtel pour 2.510.000 francs et la Cave pour 440.000 francs, il n'y a pas lésion.

DEUXIEME SOLUTION

Mais on pourrait reprocher à la solution qui précède de ne pas tenir compte des plus-values (Valeur du fonds, valeurs des terrains, valeur de la cave, etc...) ce qui nous a conduit à voir dans quelles conditions on peut chiffrer ces plus-values.

SUR LA VALEUR DES ELEMENTS INCORPORELS DU FONDS

A. — DU BENEFICE :

Il importe d'observer, pour éviter une erreur d'appréciation qui paraît avoir été de nature à influencer les juges du premier degré, que les bénéfices n'ayant jamais été répartis entre les associés, le chiffre de 1.720.026 fr. 79, figurant au Bilan du 30 septembre 1925, indique tous les bénéfices réalisés depuis le 1er janvier 1920.

Le même Bilan au 30 septembre 1925 fait apparaître, sous la rubrique « Réserves pour dépréciations », des amortissements s'élevant, pour les six exercices 1920 à 1925, à la somme de 1.418.146 francs. Il ne saurait être contesté que ces amortissements sont insuffisants.

En effet, les immobilisations, d'après le Bilan au 30 septembre 1925, sont les suivantes :

Installations Salon de Coiffure	4.377 85
Installations aux jardins	20.836 60
Installations aux chalets	11.691 45
Matériel et Mobilier	990.187 »
Tapis	97.822 35
Verrerie	29.012 15
Vaiselle	25.575 25
Lingerie	165.671 80
Argenterie	97.744 85
Matériel de Cuisine	41.847 80
Matériel d'Electricité	63.264 80
Installations diverses	136.404 95
Améliorations	2.499.239 88
Frigorifique	79.890 70
Installations Banchisserie	85.611 85
Autobus Latill	207.118 »
Auto Chenard	30.000 »
Camion nette	10.000 »
Auto Cadillac	12.000 »
	4.608.296 38

Si l'on estime, et nous sommes convaincu dans l'espèce d'être extrêmement modéré, que ces immobilisations (dont quelques-unes sont vieilles de six années, et qui comprennent des éléments sans aucune valeur vénale telles que les améliorations) doivent être amorties de 50 %, il aurait donc dû être effectué un amortissement de :

$$\frac{4.608.296\ 38 \times 50}{100} = 2.304.148\ 19$$

Or, il n'a été effectué d'amortissements que jusqu'à concurrence de 1.418.146 francs.

D'où une insuffisance d'amortissements de :

$$2.304.148\ \text{fr.}\ 19 - 1.418.146\ \text{fr.} = 886.002\ \text{fr.}\ 19.$$

Il faut donc en conclure qu'avec des amortissements normaux, le bénéfice apparaissant en comptabilité au chiffre de 1.720.026 fr. 79, pour les 6 années d'exploitation, devrait être ramené à :

$$1.720.026\ \text{fr.}\ 79 - 886.002\ \text{fr.}\ 19 = 834.024\ \text{fr.}\ 60.$$

ce qui représente un bénéfice moyen de :

$$\frac{834.024\ 60}{6\ \text{années}} = 139.004\ \text{fr.}\ 10.$$

B. — DE L'APPLICATION DU COEFFICIENT :

Nous avons exposé, dans notre ouvrage intitulé « l'Expertise judiciaire en matière de fonds de commerce et de Propriété Commerciale » (Librairie Dalloz), qu'il y avait lieu de prendre la moyenne des Bénéfices des dernières années et de prendre pour base un nombre d'années d'autant plus étendu que le bail est plus long.

Dans l'espèce, et comme conséquence de ce que nous avons écrit dans nos différentes éditions, le coefficient maximum à appliquer en l'espèce étant de 6,88, la valeur du fonds doit être fixée à :

$$139.004\ \text{fr.}\ 10 \times 6,88 = 956.348\ \text{fr.}\ 20.$$

Il y a donc lieu de rectifier la solution précédente en tenant compte de la valeur des éléments incorporels.

Mais il importe d'observer que, parallèlement, les immobilisations qui ont été décomptées pour 4.608.296 fr. 38 doivent être décomptées pour leur valeur après amortissement et diminuées de la différence entre l'amortissement qui devait être effectué (2.304.148 fr. 19) et celui qui a été effectué (1.418.146 fr.), soit 886.002 fr. 19.

Il faut en conclure que l'Actif, tel que nous l'avons calculé dans la solution précédente, devrait, d'une part, être augmenté de la valeur des éléments incorporels du fonds (956.348 fr. 20) et, d'autre part, diminuée de l'insuffisance d'amortissement (886.002 fr. 19), ce qui constitue une plus-value de 70.346 fr. 01, soit 70.000 francs en chiffres arrondis.

SUR LA VALEUR DES ELEMENTS CORPORELS :

TERRAINS :

Ces terrains, dout le prix de revient porté au Bilan du 30 septembre 1925 est de 351.665 fr. 10, ont été achetés de 1921 à 1924.

Pour fixer la valeur de ces terrains à la date du 6 janvier 1926, il importe d'observer :

— Que certains de ces terrains sont à peu près inutilisables comme terrains à bâtir,

— Que ceux qui sont partiellement utilisables l'on été pour la construction d'un chalet et pour l'aménagement de deux tennis, et que les dépenses ainsi engagées sont portées au chapitre « Agencements »,

— Qu'ainsi il en sera tenu compte par ailleurs,

— Qu'en fait, la propriété desdits terrains ne peut, dans l'état actuel, se dissocier de l'exploitation du fonds,

— Qu'ils participent de la même entité,

— Que le preneur de l'Hôtel REGINA BERNASCON, quel qu'il soit, est ainsi obligé de réserver la vente de ces terrains jusqu'à l'expiration du bail, c'est-à-dire pendant 35 ans,

Qu'ainsi, il est placé dans l'une des deux hypothèses suivantes : ou vendre ces terrains à leur valeur vénale (ce qui aura pour conséquence de faire perdre à l'hôtel l'usage du chalet et des deux tennis, et de diminuer la valeur du fonds), ou n'envisager leur réalisation que dans 35 ans, comme s'il n'en avait, pour le moment que l'usufruit (auquel cas, la valeur au 6 janvier 1926 devrait être considérée — voir table de Pereire ou de Violeine — comme étant les 0,18 de la valeur vénale).

Dans ces conditions, pour déterminer la valeur des terrains repris par M. Eli JOSEPH, il faudrait :

1° Fixer leur valeur vénale :

a) 1.500.000 francs d'après les Experts majoritaires,
b) 1.300.000 francs d'après l'expert minoritaire,
c) 900.000 francs d'après le jugement du Tribunal de Commerce.

2° Passer de la valeur vénale à la valeur en nue-propriété, ce qui donnerait, en prenant comme base les évaluations précitées :

a) 1.500.000 × 0,18 = 270.000 francs.
b) 1.300.000 × 0,18 = 234.000 francs.
c) 900.000 × 0,18 = 162.000 francs.

Ce procédé de calcul couramment employé est évidemment le plus avantageux pour votre client ; en ce qui nous concerne, c'est un procédé de caluel que, dans l'espèce, nous ne soumettrions par à la Cour, car un élément important est intervenu à cette époque : la variation de l'unité monétaire.

On pourrait considérer que la valeur des terrains est fonction de la valeur de l'unité monétaire.

Les terrains ont été achetés à des dates qui s'échelonnent de 1921 à 1924. A cette époque, le cours moyen mensuel du dollar a atteint son maximum (19 fr. 57) en juillet 1924 et son minimum (13 fr. 92) en novembre 1921. Le cours moyen, pendant la période précitée, était donc :

$$\frac{19\ 57\ +\ 13\ 92}{2} = 16\ \text{fr. }75.$$

Le cours du dollar au 6 janvier 1926 étant de 26 fr. 40, les terrains vaudraient :

$$\frac{351.665\ 10\ \times\ 26,40}{16,75} = 554.266\ \text{fr. }18.$$

soit une plue-value de 200.000 francs en chiffres arrondis.

Les terrains devant être considérés comme un élément indispensable à l'exploitation du fonds, d'après cette thèse, nous n'appliquerons pas le coefficient 0,18 au chiffre précité.

Dans l'espèce, c'est ce dernier chiffre de 554.266 fr. 18 que nous retiendrons, parce qu'il repose sur une base solide : la valeur inscrite en comptabilité, d'ailleurs supérieure à la valeur d'achat, tandis que le premier repose sur la détermination de la valeur vénale pour laquelle, d'une manière constante et dans tous les litiges, les intéressés et leurs experts fournissent les chiffres les plus différents.

*
* *

MARCHANDISES EN CAVE AU 6 JANVIER 1926

Le stock de vins, élément corporel, est intimement lié avec les éléments incorporels (clientèle, achalandage...)

En effet, l'exploitant d'un hôtel de luxe ne saurait être considéré comme un marchand de vins qui renouvelle son stock dans une période très courte, achetant du vin qu'il revendra très rapidement, parfois même immédiatement.

Un hôtel comme le REGINA BERNASCON doit constituer, et de vieille date, un stock de vins. Ce stock ne saurait donc être évalué à une autre valeur que le prix de revient.

Dans l'espèce, des experts auront tous les moyens d'indiquer ce prix de revient.

En effet, nous avons trouvé dans la comptabilité (folio 42 du Scellé n° 63) un inventaire dressé à la date du 30 septembre 1925. Les vins en cave avaient, à cette date, une valeur de 433.000f francs, sous réserve de 2 omissions figurant, la première, au folio 27 du scellé n° 63 (2 pièces valant 6.690 fr. 20) et la seconde au folio 28 du scellé n° 63 (6 pièces valant 21.205 fr. 45.

Vous observerez que les experts, après avoir déterminé le stock en quantité, ont demandé à divers fournisseurs quelle était la valeur des vins au 6 janvier 1926.

Il ne vous échappera pas qu'un tel procédé est éminemment critiquable pour les raisons suivantes :

1° Le prix des vins étant extrêmement variable (il vous suffirait de rappeler qu'au mois de mars 1930 un fût de 225 litres de vin ordinaire valait 250 francs, alors qu'il vaut 400 francs en septembre 1930), un exploitant ne peut prendre comme base que son prix de revient,

2° Cette observation est encore plus particulière pour des vins qui ont été soignés par l'exploitant.

3° L'avis des fournisseurs ne pourrait être considéré comme ayant toute sa valeur que si ces derniers avaient goûté les vins.

On ne conçoit pas qu'on puisse appliquer le système de l'évaluation en ce qui concerne des éléments dont la valeur est intimement liée à celle du fonds, alors que la comptabilité fournit, d'une manière précise, tous les éléments d'appréciation.

*
* *

En résumé, en appliquant cette deuxième solution, l'Hôtel aurait une valeur de :

Actif net	3.340.000	»
Différence entre valeur du fonds et amortissements	70.000	»
Plus-value terrains	200.000	»
Plus-value vins	30.000	»
	3.640.000	»

Il résulterait encore de ce deuxième mode d'évaluation qu'il n'y aurait pas lésion.

*
* *

TROISIEME SOLUTION :

Nous venons de proposer deux solutions :

— La première, celle de l'ACTIF NET, résulte directement du Bilan comptable, d'ailleurs opposable au deux associés.

— La deuxième solution rectifie la première en tenant compte des plus-values.

Il pourrait se faire que le juge du deuxième degré estimât que l'analyse dût être poussée plus profondément.

Les investigations auxquelles nous nous sommes livré nous ont permis de constater qu'il y aurait lieu de substituer à la ventilation, d'ailleurs incomplète des experts, une ventilation minutieuse des immobilisations.

La comptabilité fournit tous les éléments pour effectuer cette ventilation ; une évaluation qui n'a pas été précédée de cet examen comptable manque de base.

C'est ainsi, pour préciser, qu'il nous est apparu, et sous réserve d'un examen effectué documents en mains, les parties étant entendues contradictoirement, qu'un nombre important de factures, qui ont été imputées aux chapitres « Agencements » et « Améliorations », auraient dû normalement être imputées au chapitre « Frais Généraux ».

A titre indicatif, nous croyons devoir vous préciser, que pour le seul exercice 1923, qui a le plus spécialement attiré notre attention, les factures ci-après pourraient être considérées comme devant être, soit partiellement, soit en même totalité, extraites du chapitre « Améliorations » pour être reportées au chapitre « Frais Généraux » :

DATE ou N°	PIECES	FOURNISSEUR	MATERIALISATION DES DEPENSES	MONTANT de l'écriture
Avril	F 2	Otro Pifre.	Entretien Ascenseurs	139 35
—	F 17	Vangrillé.	Ascenseurs	67 60
Mai	F 3	Crochon.	Projet d'Architecture	1.000 »
—	F 22	Ch. Rubaud.	Entretien Gouttières	1.000 »
Juin	F 62	Le Mordelé.		15.788 90
Juillet	F 79	Karp.	Collage de papier, travaux de peinture	20.500 »
Octobre	F. 73	Massonnat.		436.513 30
68/21	F 88	Cochet.	Menuiserie	9.000 »
9/75/21	F 90	Dunoyer.	Plomberie	28.000 »
Octobre	F 30	Negro Uberti.	Peinture Hôtel	43.993 »
—	F 30	Negro Uberti.	Peinture Villa	1.307 »
—	F 81	Casenave.	Baignoires Aff. Saint	55.270 »
—	F 32	Nessi et Bigeault.	Chauffage	213.883 20
—	F 33	Portet	Puits	38.716 45
—	F 66	Reynaud.	Electricité	17.000 »
—	F 77	Descotes.	Electricité	15.000 »
77/21	F 78	Filliard.	Peinture	40.000 »
				937.178 80

Il ne vous échappera pas qu'une telle discrimination est particulièrement importante pour permettre à la Cour de se prononcer en toute connaissance de cause. On ne peut, en effet, demander au cessionnaire de payer les éléments imputables aux frais généraux qui sont, de par leur nature, des éléments complètement consommés et complètement amortis.

Après les observations ainsi formulées, j'espère, mon cher Maître, que vous serez convaincu que, dans l'état actuel du dossier, vous n'avez pas les éléments suffisants pour la fixation de la valeur des améliorations et que toute appréciation définitive serait prématurée et manquerait de base.

⁎⁎

CONCLUSIONS

En résumé, nous sommes d'avis :

I. — Que les évaluations proposées sont manifestement erronées puisqu'elles mettraient l'acquéreur, malgré ses efforts de gestion, dans une situation moins favorable que celle d'un capitaliste ordinair ene fournissant aucun travail,

Que, d'ailleurs, tandis que l'acquéreur sera évincé à fin de bail, le capitaliste, surtout s'il place sur nantissement ou hypothèque, a la certitude de récupérer son capital,

Que, dans l'état actuel du dossier, le juge du second degré, aussi bien que le juge du premier degré, manque de base pour formuler un avis motivé,

Qu'en particulier une expertise s'impose pour opérer, dans le chapitre « Améliorations », la ventilation des éléments directement imputables aux Frais Généraux et des éléments qui constituent effectivement des améliorations,

Que, la révision ainsi faite permettra de déterminer le bénéfice réel et de le substituer au bénéfice fictivement fixé à 630.000 francs par un expert et à 700.000 francs par les deux autres,

Que cette détermination du bénéfice réel aura aussi pour conséquence de permettre la détermination de la valeur des éléments incorporels du fonds.

II. — Qu'au cas où le juge du second degré, contrairement à notre avis, refuserait de renvoyer à l'expertise, le simple examen du Bilan paraît devoir lui permettre de fixer la valeur totale de l'Hôtel REGINA BERNASCON à 3.340.000 francs.

III. — Que toutefois, compte tenu des plus-values indiquées, cette valeur nous paraît devoir être portée à 3.640.000 francs.

⁎⁎

Veuillez agréer, mon cher Maître, l'expression de mes sentiments dévoués.

Paris, le 31 octobre 1930.

Signé : RETAIL.

Consultation de M. Capitant, membre de l'Institut

Je soussigné, Membre de l'Institut, Professeur à la Faculté de Droit de Paris, consulté par M. Eli JOSEPH sur le jugement du Tribunal de Commerce de Chambéry, du 21 mars 1930, après avoir délibéré, a émis l'avis suivant :

EXPOSE DES FAITS

La Société en nom collectif CORPORON et Compagnie (CORPORON et JOSEPH, seuls associés) a été déclarée dissoute d'un commun accord en juin 1925. Son élément principal d'actif était un fonds de commerce d'Hôtel dénommé Hôtel REGINA BERNASCON, sis à Aix-les-Bains.

Ce fonds a été mis en vente par adjudication par les liquidateurs de la Société, MM. Guitteau et Géranton. L'adjudication a eu lieu par devant M° Durant des Aulnois, notaire à Paris, le 6 janvier 1926. Le fonds a été adjugé à JOSEPH, seul enchérisseur, pour le prix de 2.510.000 francs, à charge par lui de payer en outre les marchandises d'après l'évaluation qui en serait faite par experts ; cette évaluation se montait à 465.000 francs.

Aussitôt après, CORPORON a assigné JOSEPH et les liquidateurs MM. Géranton et Guitteau, en nullité de l'adjudication, pour cause de dol et de fraude, devant le Tribunal de Chambéry.

Un an et demi après, CORPORON a assigné à nouveau les mêmes défendeurs en rescision de la même vente pour lésion de plus du quart, sans pour autant renoncer au moyen invoqué dans la première assignation.

Par un premier jugement en date du 27 juillet 1927, le Tribunal a écarté l'action en nullité pour dol et fraude, mais il a déclaré fondée l'action en rescision pour lésion, la lésion étant considérée par lui comme d'ores et déjà établie.

Il a institué une expertise aux fins d'en déterminer le montant. Le jugement s'exprime de la façon qui suit dans son dispositif :

« ... Sur la demande en rescision de l'acte d'adjudication du 6 janvier « 1926.

« Rejetant toutes conclusions autres ou contraires des parties comme non « fondées,

« Nomme experts, MM....... avec mission de déterminer, soit par « comparaison, soit par tous autres moyens,

« 1° la valeur exacte du fonds de commerce de l'hôtel REGINA BERNAS-« CON après la clôture de l'exercice 1925,

« 2° la plus-value acquise à la même date par les terrains inscrits au « Bilan pour frs. 351.665,10.

« Dit que le total de ces deux sommes remplacera à l'actif de la liquida-

« tion la somme de frs. 2.510.000 qui y a été inscrite à la suite de l'adjudi-
« cation du 6 janvier 1926.
« Dit que les experts auront les pouvoirs les plus étendus, qu'ils pour-
« ront consulter tous documents, entendre tous témoins à charge de rendre
« compte de leurs dispositions,
« Réserve à CORPORON, en face de l'actif de la liquidation établie sur
« les bases ci-dessus tous ses droits de faire prononcer la rescision de ladite
« adjudication pour cause de lésion de plus du quart si *l'adjudicataire n'aime*
« *pas mieux, auparavant, faire disparaître ladite lésion.* »

La Cour, suivant arrêt en date du 20 mars 1928, à confirmé ce jugement en retenant toutefois dans ses motifs que CORPORON ne l'a pas frappé
d'Appel en tant qu'il a écarté son moyen tiré du dol et de la fraude.

L'expertise a eu lieu.

Des trois experts commis, deux ont fixé la valeur du fonds à 8.800.000
francs; le troisième a estimé que le chiffre maximum qu'aurait pu atteindre
l'adjudication du 6 janvier 1926 était de 5.300.000 francs.

A la suite de cette expertise, le Tribunal a estimé la valeur du fonds,
au 6 janvier 1926, à 6.500.000 francs. Il a prononcé la rescision de l'adjudication, mais il a, en même temps, refusé à JOSEPH le droit d'option établi
par l'article 891, Code Civil, et que lui avait reconnu son premier jugement
confirmé par la Cour. « Attendu, dit le jugement, que c'est en vain que
« JOSEPH demande aujourd'hui à bénéficier du droit d'opter, soit pour le
« dédommagement envers son associé de la lésion qu'il lui a fait subir, et ceci,
« à son choix, en nature ou en espèces, soit pour la restitution du fonds
« entre les mains des liquidateurs; que tel serait bien son droit, en effet, si
« le Tribunal venait à reconnaître sa bonne foi dans toutes les circonstances
« qui ont entouré la mise en adjudication de l'hôtel .... que si les
« mots de dol et de fraude ne peuvent pas être retenus en la circonstance,
« le moins qu'on puisse dire c'est que JOSEPH est un rescindé de mauvaise
« foi, qu'il doit en subir les conséquences dont la plus évidente est pour
« CORPORON le droit de se faire indemniser de tout préjudice pouvant ré-
« sulter de la rescision de l'adjudication.

« Attendu que le préjudice direct qui pourrait être causé à CORPORON
« au cas où JOSEPH serait autorisé à remettre l'hôtel aux mains des liqui-
« dateurs en vue d'une nouvelle adjudication serait de voir ledit hôtel s'ad-
« juger à un prix inférieur à la valeur qu'il avait en 1926 et qui est de
« 6.500.000 francs et que ce risque ne doit pas être couru.

« Attendu que tout ce qui précède donnerait, si besoin était, une jutifi-
« cation supplémentaire à la décision déjà prise à ce sujet par le Tribunal
« et ensuite par la Cour de débiter purement et simplement JOSEPH du mon-
« tant de la lésion en faveur de la liquidation.

« Attendu que JOSEPH doit en plus à la liquidation les intérêts légaux
« de cette somme de 3.900.000 francs qu'il détient indûment depuis le 6 jan-
« vier 1926. »

Par ces motifs, le Tribunal, après avoir rescindé l'adjudication, a décidé que le chiffre de 6.500.000 francs, augmenté des intérêts de droit à dater du 6 janvier 1926, remplacerait à l'actif de la liquidation la somme de 2.510.000 francs qui avait été inscrite à la suite de l'adjudication du 6 janvier 1926.

Il a, en outre, décidé que JOSEPH devrait verser à CORPORON une somme de 1.500.000 francs à titre de provision, à verser nonobstant appel et sans caution ; enfin il a condamné JOSEPH à 100.000 francs de dommages-intérêts envers CORPORON.

Remarquons, en terminant cet exposé, que le jugement bien que prononçant la rescision, ne dit rien au sujet de la restitution du prix d'adjudication payé par JOSEPH à la liquidation.

DISCUSSION

Les questions que pose l'examen critique de ce jugement sont les suivantes :

1° Un jugement prononçant la rescision d'une adjudication sur licitation peut-il refuser au copartageant adjudicataire, sous prétexte qu'il a été de mauvaise foi, le droit d'option de l'article 891, Code Civil ?

2° Peut-il en même temps condamner l'adjudicataire à verser personnellement à l'autre co-propriétaire une provision en réparation du préjudice que lui causerait la rescision de l'adjudication ?

I

Un jugement prononçant la rescision d'une adjudication sur licitation intervenue au profit d'un copartageant peut-il refuser à celui-ci, sous prétexte qu'il a été de mauvaise foi, le droit d'option de l'article 891, Code Civil ?

La réponse négative s'impose sans hésitation.

D'après l'article 891 du Code Civil, le défendeur à la demande en rescision peut en arrêter le cours et empêcher un nouveau partage en offrant et en fournissant au demandeur le supplément de sa portion héréditaire, soit en numéraire, soit en nature.

Ce texte ne distingue pas suivant que le défendeur a été de bonne ou de mauvaise foi. Il lui donne dans tous les cas et sans distinction le droit d'empêcher la rescision en payant au demandeur le supplément de sa portion héréditaire. Par conséquent, la mauvaise foi du défendeur ne le prive pas de ce droit. Cela est indiscutable.

Le rapprochement de l'article 891 et de l'article 889 consacre du reste cette solution. L'article 889 décide que l'action en rescision n'est pas admise contre une vente de droit successif *faite sans fraude* à l'un des co-héritiers à ses risques et périls par les autres co-héritiers ou par l'un d'eux. Il résulte à contrario de ce texte que si la cession de droit successif faite aux risques et périls de l'acheteur a été frauduleuse elle est rescindable pour cause de lésion. Or l'article 891, qui suit le premier, n'enlève pas, dans ce cas, à l'adjudicataire le droit d'arrêter la rescision.

Au surplus, nous n'avons trouvé chez aucun des commentateurs du Code Civil, ni dans aucune des décisions citées dans les recueils de jurisprudence cette distinction entre la bonne et la mauvaise foi du défendeur. Ainsi, notamment, les auteurs déclarent tous que la faculté d'empêcher un nouveau partage par le paiement au demandeur du supplément de sa part héréditaire est spéciale au partage rescindable pour cause de lésion et ne s'étend pas au partage rescindable pour cause de dol ou violence, mais aucun ne la refuse pour cause de mauvaise foi (voir Demolombe, tome 17, nᵒˢ 411 et 460 ; Laurent, tome 10, nᵒˢ 470 et 508 ; Baudry-Lacantinerie, et Wahl, *Successions*, tome 3, n° 4.667 ; Aubry et Rau, cinquième édition, tome 10, par. 626, p. 236 ; Planiol et Ripert, *Traité pratique de Droit civil*, tome 4, *les Successions*. par Maury et Vialleton, n° 697 ; Colin et Capitant, *Cours élémentaire de Droit civil*, cinquième édition, tome 3, page 582).

L'on comprend très bien, du reste, la raison qui a déterminé le législateur à accorder cette option au défendeur, abstraction faite de sa bonne foi. La rescision d'un partage, comme celle d'une vente, est une éventualité grave, tant pour les tiers que pour les intéressés ; c'est un grand trouble pour le commerce juridique ; c'est une perte de frais importants. C'est pourquoi la loi permet au défendeur de l'empêcher en réparant la lésion. Du moment que la lésion est effacée, le préjudice n'existe plus. De quoi le demandeur pourrait-il encore se plaindre, puisque le supplément de sa part héréditaire lui est restitué ?

La démonstraction de la violation de la loi commise par le Tribunal nous paraît donc établie.

On arrive d'autant moins à comprendre comment le Tribunal a pu refuser à JOSEPH un droit que lui donne la loi, que le jugement interlocutoire précédemment rendu par lui et confirmé par la Cour reconnaissait expressément, dans son dispositif, l'existence de cette faculté : « Réserve à « CORPORON, disait-il, tous ses droits de faire prononcer la rescision de « ladite adjudication pour cause de lésion de plus du quart si l'adversaire « n'aime pas mieux auparavant faire disparaître ladite lésion. » Or, il résulte clairement de la lecture de ce jugement et de l'arrêt de la Cour que l'un et l'autre reprochaient à JOSEPH d'avoir écarté par ses manœuvres les autres enchérisseurs.

Ainsi, non seulement le Tribunal a violé l'article 891, Code Civil, mais il a également méconnu l'autorité de la chose jugée qui s'attachait à son premier jugement. Pour cette double raison, le jugement du 21 mars doit être infirmé par la Cour.

II

Après avoir refusé à JOSEPH le bénéfice de l'article 891, le Tribunal le déclare cependant débiteur envers la liquidation de la différence entre le prix d'adjudication et l'estimation qu'il a fait de l'immeuble, soit 6 millions

500.000 francs, et le condamne à verser personnellement au demandeur une somme de 1.500.000 francs nonobstant appel et sans caution.

Il y a entre ces deux dispositions une contradiction que nous n'arrivons pas à nous expliquer. Puisque le Tribunal a refusé à tort à JOSEPH le droit de réparer la lésion, comment peut-il le déclarer débiteur envers la liquidation du montant de cette lésion ?

Pour justifier cette conlusion, il invoque « la décision déjà prise à ce « sujet par son jugement interlocutoire du 27 juillet 1927 et par l'arrêt de la « Cour de débiter purement et simplement JOSEPH du montant de la lésion en « faveur de la liquidation ». Mais cette interprétation est manifestement fausse. Le jugement interlocutoire avait disposé, en effet, que « le total du « prix du fonds et du prix des terrains remplacerait à l'actif de la liquidation « la somme de 2.510.000 francs qui y avait été inscrite à la suite de l'adjudi- « cation du 6 janvier 1926 ». Cela n'impliquait pas du tout que JOSEPH dû être considéré comme débiteur de la différence entre cette somme et celle à laquelle le fonds serait évalué à la suite de l'expertise, puisque le juge- ment précisait aussitôt que JOSEPH n'aurait à la payer que s'il décidait de réparer la lésion.

Enfin, le Tribunal condamne JOSEPH à verser personnellement à COR- PORON et non à la liquidation, une somme de 1.500.000 francs, à titre de provision, dont il sera crédité envers la liquidation, tandis que CORPORON en sera débité. Cette décision est encore moins explicable que la précédente. Tant que la liquidation n'est pas close, la Société subsiste; c'est donc à elle, c'est-à-dire à ses liquidateurs, que doivent être versées les sommes dues par l'un des associés. Car ce n'est pas, remarquons le bien, à titre de dommages- intérêts que cette condamnation est prononcée au profit de CORPORON, quoique semble dire certain attendu du jugement, puisque CORPORON doit être débité de cette somme par la liquidation, et qu'il lui est alloué d'autre part 100.000 francs à titre de dommages-intérêts. Au surplus, en matière de rescision pour cause de lésion, il n'y a pas lieu à dommages-intérêts. C'EST LA RESCISION MEME QUI REPARE LE DOMMAGE. AUCUN DES TEXTES DU CODE CIVIL RELATIFS A LA LESION, QU'IL S'AGISSE DE LA VENTE OU DU PARTAGE, NE PREVOIT, EN DEHORS DE LA RESCISION, LA CON- DAMNATION A DES DOMMAGES-INTERETS.

Du reste, le jugement déclare expressément que cette somme de 1.500.000 francs sera versée par JOSEPH à CORPORON « *à titre de provision* », c'est- à-dire en avancement sur ce qui devra lui revenir dans le produit de la liqui- dation. Mais comment le Tribunal pouvait-il connaître à l'avance ce résultat ? A-t-il donc oublié que du moment qu'il prononçait la rescision de l'adjudi- cation et déniait à JOSEPH le droit de se prévaloir de l'article 891, celui- ci devenait créancier de la liquidation du prix d'adjudication qu'il avait payé, c'est-à-dire d'une somme de près de 3.000.000 ? A-t-il également oublié que JOSEPH était créancier non seulement de ce prix mais de la plus-value procurée au fonds par les dépenses d'amélioration qu'il y a faites ? Puisqu'il y a des liquidateurs dont la mission n'est pas terminée, c'est à eux et à eux seuls d'établir les droits de chaque associé dans l'actif.

Ainsi et en résumé, non seulement on relève dans ce jugement des violations des principes du Droit, mais on y relève aussi des contradictions et des omissions non moins graves.

Pour ces raisons nous concluons :

1° Que JOSEPH a le droit de se prévaloir de l'article 891, Code Civil, et de fournir à son ex-associé le supplément de sa part, soit en numéraire, soit en nature ;

2° Que c'est à tort que le Tribunal lui a refusé ce droit et l'a, en même temps, débité envers la liquidation de la différence entre le prix d'adjudication et la valeur d'estimation par lui fixée, et l'a condamné à verser à CORPORON, 1.500.000 francs à titre de provision.

Paris, le 19 avril 1930.

CAPITANT,

Membre de l'Institut,
Professeur à la Faculté de Droit de Paris.

Lettre de M. Capitant à M. Joseph

28 Mai 1930.

Monsieur,

Je réponds à la lettre que vous m'avez communiquée ce matin.

L'adversaire ne peut pas soutenir sérieusemnet que le jugement du Tribunal de Commerce du 27 juillet 1927 vous a enlevé le droit de faire disparaître la lésion en offrant à CORPORON le supplément de sa portion, et cela pour deux raisons décisives :

1° Ce jugement déclare en termes exprès que vous avez ce droit.

« Réserve à CORPORON, en face de l'actif de la liquidation établi sur « les bases ci-dessus tous ses droits de faire prononcer la rescision de ladite

« adjudication pour cause de lésion de plus du quart, *si l'adjudicataire n'aime*
« *pas mieux, auparavant, faire disparaître ladite lésion.* »

Quand le jugement dit que la valeur exacte du fonds de commerce et
la plus-value acquise par les terrains, après la clôture de l'exercice 1925
remplaceront à l'actif de la liquidation la somme de 2.510.000 francs, il n'entend pas vous enlever par là le droit de faire disparaître la lésion en fournissant à CORPORON le supplément de sa portion. Il veut dire simplement
que cette double somme figurera au compte de la liquidation. Or, elle y doit
figurer, aussi bien si l'adjudication est résolue que si vous remboursez le
supplément de la part.

2° Le Tribunal ne pouvait pas, au surplus, vous enlever, dans le jugement ordonnant l'expertise, un droit que vous tenez de la loi et ne pouvez
exercer qu'autant que, à la suite de la mission des experts, un nouveau
jugement a décidé qu'il y a lésion, quel en est le chiffre, et a prononcé la
rescision.

Veuillez agréer,

CAPITANT.

Consultation de Me Labbé

Avocat à la Cour de Cassation

Paris, le 22 mai 1930.

Monsieur,

Vous m'avez demandé mon avis au sujet des conséqences que pouvait entraîner à votre égard le jugement du Tribunal de Commerce de Chambéry, du 21 mars 1930, qui, à la suite de procédures sur lesquelles il me paraît inutile d'insister ici, a prononcé la rescision de l'adjudication du fonds de commerce de l'Hôtel BERNASCON, à Aix-les-Bains, faisant partie de l'actif de la Société que vous aviez constituée avec Monsieur CORPORON, qui s'était terminée en votre faveur moyennant le prix de 2.510.000 francs, vous a condamné à payer à Monsieur CORPORON, une somme de 1.500.000 francs à titre de provision, nonobstant appel et sans caution, et vous a refusé la faculté d'opter entre la remise du fonds à la liquidation de la Société et le versement du supplément de prix qui pouvait vous incomber pour faire disparaître la lésion.

Ce jugement soulève deux questions tout à fait diférentes que j'examinerai successivement : le Tribunal pouvait-il légalement, en l'état de ses énonciations, mettre obstacle au droit que vous teniez de l'article 891 du Code Civil ? Le Tribunal pouvait-il vous condamner au versement de la somme de 1.500.000 francs nonobstant appel et sans caution ?

I. — Sur le premier point, la solution de la question de droit n'est pas douteuse et ce serait plutôt, au cas de confirmation du jugement par la Cour de Chambéry, une question d'interprétation de l'arrêt qui se poserait devant la Cour de Cassation.

L'article 891 du Code Civil, applicable au partage des sociétés, énonce que le défendeur à la demande en rescision peut en arrêter le cours et empêcher un nouveau partage en offrant et en fournissant au défendeur le supplément de sa part héréditaire, soit en numéraire, soit en nature.

Ce texte est conçu en termes généraux ; il ne fait aucune distinction entre le cas où le défendeur a été de bonne foi et celui où il serait de mauvaise foi et il appartient d'autant moins au juge de distinguer entre ces deux hypothèses que l'article 889 du Code Civil, relatif à l'action en rescision dirigée contre une cession de droits successifs faite aux risques et périls de l'acheteur, subordonne la recevabilité de cette action à l'existence d'une fraude de la part du co-héritier, c'est-à-dire, d'un acte de mauvaise foi. (Civ. réq. 6 août 1894. D. 95. I. 389). Il n'est pas, d'autre part, à ma connaissance, un seul auteur qui ait proposé ou admis cette distinction (Cpr. Aubry et Rau, 5ᵉ Ed. t. 10., p. 236 et 626; Planiol et Ripert, t. 4, Successions nᵒˢ 697; Colin et Capitant, 5ᵉ Ed., t. 3, p. 582).

La jurisprudence de la Cour de Cassation oppose, d'ailleurs, l'action en rescision à l'action fondée sur le dol, la violence ou l'erreur et décide que, dans ce dernier cas, l'article 891 du Code Civil n'est pas applicable, ce qui implique que l'existence de manœuvres ne peut mettre obstacle au droit d'option du défendeur à l'action en rescision et que ces manœuvres ne peuvent produire d'effets dans les rapports des parties qu'autant qu'elles sont caractéristiques d'un dol et ouvrent à la partie intéressée une action en nullité du partage indépendante de l'action en rescision.

Il suit de là qu'en principe, le jugement du Tribunal de Commerce, en constatant que vous aviez opéré d'une façon déloyale pour fausser à votre profit les résultats de la mise en adjudication et en ajoutant *que les mots de dol ou de fraude ne pourraient être retenus*, n'a pas donné une base légale à son refus d'application de l'article 891 du Code Civil.

Sans doute, au cas de confirmation, la Cour de Cassation pourrait-elle être tentée de voir, dans les manœuvres qui vous sont reprochées, des actes équipollents au dol ; mais il est difficile d'admettre que cette tentative aboutisse à un résultat qui vous soit défavorable; car le juge du fond déclarant explicitement que le dol doit être écarté, on ne voit pas comment le juge de cassation pourrait le retenir, le dol supposant de la part de son auteur une intention caractérisée dont l'existence dépend d'une analyse de fait ne rentrant pas dans les pouvoirs de la Cour de Cassation. (Cpr. sur le droit de contrôle de la Cour en cette matière; Civ., Cas., 30 mai 1927, D. 28. I. 105).

Toutefois, pour éviter toute difficulté à cet égard, il serait utile d'invoquer devant la Cour de Chambéry une exception de chose jugée (art. 1351, Code Civil); le dispositif du jugement du Tribunal de Commerce du 27 juillet 1927 vous a, en effet, réservé expressément la faculté d'user de l'article 891 du Code Civil « si l'adjudicataire n'aime pas mieux auparavant, faire disparaître ladite lésion ». Or, dans le cas où CORPORON aurait entendu vous dénier l'exercice du droit ainsi défini, il devait demander à la Cour de Chambéry d'infirmer, de ce chef, la décision des premiers juges; il ne ressort pas de l'arrêt du 20 mars 1928 qu'il l'ait fait et cet arrêt confirme dans son dispositif le jugement du Tribunal de Commerce, de telle sorte qu'il est jugé définitivement entre vous et CORPORON que vous serez admis à faire disparaître la lésion. Le Tribunal ne pouvait donc, sans violer l'article 1351, Code Civil, adopter une solution contraire à celle qu'il avait antérieurement consacrée. J'AJOUTE QUE DE TOUTE MANIERE, VOUS NE SAURIEZ ETRE CONDAMNE A DES DOMMAGES-INTERETS : CAR C'EST LA RESCISION MEME QUI REPARE LE DOMMAGE.

II. — La deuxième question que vous m'avez posée doit être examinée tant en ce qui concerne la procédure, c'est-à-dire la faculté pour la Cour de Chambéry d'intervenir dans l'exécution du jugement du 21 mars 1930, qu'en ce qui touche le fond, c'est-à-dire le point de savoir si le paiement de la somme de 1.500.000 francs à CORPORON, *nonobstant appel et sans caution*, a été légalement ordonné.

La Cour de Cassation a résolu la première difficulté dans des termes qui ne laissent place à aucun doute : « Attendu en droit », décide l'arrêt de « la Chambre des Requêtes du 27 janvier 1880 (D. 80. 1. 364), « que l'arti- « cle 647 du Code de Commerce qui déroge à l'article 459 du Code de pro- « cédure civile et interdit aux cours d'appel d'accorder des défenses ou de « surseoir à l'exécution des jugements des tribunaux de commerce ne con- « tient aucune dérogation à l'article 439 du Code de procédure civile, le- « quel fixe les conditions dans lesquelles l'exécution provisoire de ces juge- « ments peut avoir lieu sans caution; que, d'autre part, les juges d'appel « n'ayant pas été destitués du droit de vérifier si l'exécution provisoire a « été légalement accordée, la partie condamnée peut demander devant eux, « soit une dation de caution, soit une justification de solvabilité; attendu, en « conséquence, qu'en faisant droit à la demande de P. formée comme un « incident de la procédure d'appel, l'arrêt attaqué n'a pas accordé de dé- « fenses ou prononcé de sursis à l'exécution du jugement, mais n'a fait que « réparer par voie de réformation, au fond, l'irrégularité commise par les « premiers juges. » (Cpr. un arrêt de req., 18 juin 1900, D. 00. 1. 415, reproduisant la même formule dans une hypothèse contraire).

La procédure que vous avez à suivre devant la Cour d'Appel de Cham- béry est ainsi nettement définie et je ne pense pas qu'en présence d'un ar- rêt de la Cour de Cassation cette Cour hésite à vous donner satisfaction.

Il est, d'ailleurs, certain que le Tribunal de Commerce, en ordonnant l'exécution de la condamnation prononcée au profit de CORPORON, nonobs- tant appel et sans caution, a méconnu la disposition de l'article 439 du Code de procédure civile qui n'autorise une telle mesure que dans le cas où il y a titre non attaqué ou condamnation précédente dont il n'y a pas appel : en effet, CORPORON n'avait aucun titre à invoquer contre vous avant le jugement du 21 mars et aucune condamnation n'avait été prononcée par le jugement du 27 juillet 1927 et par l'arrêt du 20 mars 1928 qui n'avaient pres- crit qu'une mesure d'instruction.

Vous devriez donc obtenir sur ce point satisfaction.

Croyez, Monsieur, à l'expression de mes sentiments les plus distin- gués.

Jean LABBE.